걱정에
물들지 않는
연습

걱정 없는 인생을 바라지 말고 걱정과 함께 행복하게 살아가라

걱정에
물들지 않는
연습

차례

Prologue _ 걱정과 함께 행복하게 살아가기 • 8

| PART 1 |

두려운 대상을 똑바로 바라보면 두려움이 사라진다 • 13
– 걱정에 대한 당신의 잘못된 생각들

'3년 뒤의 당신'이 오늘하고 있는 당신의 걱정을 듣는다면? • 15

우리가 걱정에서 벗어날 수 없는 이유 • 21

불확실성이 사라질 수 없다면 남은 문제는 태도일 뿐이다 • 26

해석에 따라 달라지는 불행과 행복 • 35

과거의 부정적인 경험이 만들어내는 부정적인 필터링 • 41

걱정은 오히려 상황을 악화시킨다 • 48

때로는 우리가 제압해야할 걱정이라는 애매함 • 54

| PART 2 |

우리가 걱정하는 이유, 그 걱정과 친구가 돼야 하는 이유 • 61
– 걱정의 원인을 알면 걱정을 줄일 수 있다

'행복에 대한 강박'이 걱정과 불행을 초대한다 • 63

긍정적인 생각이 만들어내는 걱정의 악순환 • 71

완벽주의가 만들어내는 심리적 함정 • 80

타인의 관점으로 인해 생기는 걱정과 두려움 • 87

끝없는 YES가 걱정을 쌓이게 한다 • 94

걱정과 친구 되기-(1) • 101
타인과의 법칙을 인정한다면, 걱정은 미래의 청신호

걱정과 친구 되기-(2) • 108
삶을 행복으로 이끄는 이중적 성향

걱정과 친구 되기-(3) • 114
당신의 걱정도 '에너지'이다

| PART 3 |

지금은 현실을 바꾸는 행동이 필요할 때 • 121
– 머릿속에서 바뀌는 것은 아무 것도 없다

순수하게 문제해결에 집중한다는 것에 대해 • 123

실패를 당당하게 받아들이면 걱정도 반으로 줄 수 있다 • 129

복잡한 문제를 단어와 문장에 묶어 둔다는 것에 대해 • 138

계획은 뭔가가 이뤄지지 않았을 때를 대비하는 힘 • 145

자신에 대한 과대평가를 통한 비전 키우기 • 152

더 큰 걱정을 막기 위한 후회의 손절매 • 158

돈 걱정에서 자유로워지기 위해서-(1) • 164
욕망을 줄이면 행복해진다

돈 걱정에서 자유로워지기 위해서-(2) • 171
돈을 관리하는 습관을 만든다

| PART 4 |

걱정을 평화로 바꾸는 마음의 기술 • 179
– 내면에 대한 통찰과 변화가 걱정을 줄인다

타인에 의한 조언으로 걱정을 해소하는 것에 대해 • 181

다양한 부정적 감정을 역전시키는 법-⑴ • 188
걱정과 고난을 도전으로 바꾼다

다양한 부정적 감정을 역전시키는 법-⑵ • 194
막연한 미래를 두려워할 필요 없다

감정적 만신창이에서 벗어나는 자기 위로법 • 200

어둠에서 벗어나기 위해 태양을 향해 달리는 법 • 207

걱정을 감싸 안는 따뜻함, 희망 • 213

생각의 밝은 빛을 켜는 방법 • 219

자존감, 우리를 지켜주는 정신적 면역력 • 228

마음의 장벽을 넘으면 걱정도 멀어진다 • 235

걱정과 함께
행복하게 살아가기

사람은 누구나 '걱정 없이 살아가는 행복한 인생'을 꿈꾼다. 자신을 괴롭히는 일상의 잡다한 고민으로부터 해방될 수 있는 날이 오기를 희망하며 하루하루를 살아나가는 것이다. 그런데 정말 이런 일은 가능할까? 우리가 걱정에서 '완전히' 자유로워질 수 있을까? 하지만 현실적으로 이는 거의 불가능한 이야기에 다름이 아니다. 아무리 많은 돈을 가져도, 아무리 대단한 권력이 있어도 '걱정에서 완전히 해방된 인생'은 이뤄지지 않는다. 오히려 반대로 돈과 권력이 많을수록 더욱 많은 걱정과 고민이 생기는 경우도 흔하다.

미국의 심리학자인 셰드 햄스테터 박사의 연구 결과에 의하면 사람은 하루에 평균적으로 5만개에서 6만개 정도의 생각을 한다고 한다. 그런데 놀랍게도 그 5~6만 가지의 생각 중에 긍정적인 생각은 15%에 불과하고 나머지 85%는 모두 부정적인 생각이라고 한다. 이 부정적인 생각에 걱정과 고민은 당연히 포함될 것이다. 그렇다면 결론은 이렇다. 우리가 살아가는 동안 걱정과 고민으로부터 벗어날 길은 없다. 어쩌면 살아있는 동안 생각하는 만큼 걱정과 고민은 쌓여간다고 해도 과언이 아니다.

걱정은 우리를 발전시키는 계기

하지만 걱정과 고민이 우리에게 반드시 나쁜 것만은 아니다. 사실 걱정은 인간에게 행동력과 추진력을 가져다주는 가장 강한 요인 중의 하나이다. 나중에 좋은 회사에 취직하지 못할 것을 걱정해 현재 열심히 공부하고, 가난하게 살아갈 것을 걱정해 최선을 다해 일을 하게 된다. 이는 한 개인의 차원에만 머무는 것은 아니다. 인류의 차원에서도 걱정은 분명 선(善)으로 작용했다. 홍수와 태풍에 대한 걱정 때문에 기상을 관측하는 기술을 발전시켜왔고, 질병으로 수많은 사람이 죽을 것에 대한 걱정과 두려움 때문에 의학을 발전시켜왔기 때문이다. 결과적으로 걱정이라는 것은 우리의 삶을 발전시키는 원동력임과 동시에 절대로 살아가는 동안 우리와 분리가 될 수 없는 것이다.

설사 우리가 걱정에서 완전히 자유로운 상태가 된다고 해보자. 돈에 대한 걱정도, 미래에 대한 걱정도, 가정에 대한 걱정도 없다고 하면 어떨까. 아마 그때부터 또 다른 걱정이 시작될 것이다. '그럼 난 이제 뭘 해야 하지?', '진짜 이렇게 살아가도 되는 건가?' … 결국 살아 숨 쉬고 있는 한 걱정으로부터 벗어날 수 없고, 또 걱정이 있어야만 우리는 발전할 수 있다.

그렇다면 우리는 걱정에 대해 어떤 태도를 가져야 할까. 결국은 걱정과 함께 행복하게 살아갈 수 있는 방법을 찾아야 한다. 그래서 걱정을 잘 활용하고, 능수능란하게 다루면서 걱정과 함께 행복해져야 한다. 그런데 이렇게 하기 위해서 반드시 익혀야 하는 것이 있다. 그것은 바로 걱정을 하되 걱정에 물들지 않는 것이다. 걱정은 그 특성상 두려움, 공포감과 함께 다가온다. 이는 인간을 위협하는 가장 강한 감정들이라는 점에서 우리는 걱정에 물들지 않기 위한 특별한 연습을 해야 할 필요가 있다. 만약 이러한 훈련이 제대로 되어 있지 않다면 걱정에 깊이 빠져 헤어 나오기 쉽지 않기 때문이다.

자, 이 책을 읽는 순간만큼은 세상의 모든 고민을 일단 내려 놓자. 최대한 편안한 상태에서 이제껏 자신을 괴롭혀 왔던 걱정이라는 감정과 마주서보자. 이 책을 읽다보면 걱정이라는 생각과 감정의 실체가 무엇인지, 걱정에만 몰두하는 것이 왜 바보 같은 짓인지, 그리고 걱정하는 대신 우리가 해야 할 것이 무엇인지를 알 수 있게 될 것이다. 어떻게 보면 걱정과 맞설 수 있는 사람만이 진정한 행복을 누릴 수 있는 자격이 있는 사람인지도 모른다. 삶의 행복을 위협하는 가장 강력한 요소이자 자기발전에 꼭 필요한 요소인 걱정을 잘 다룰 때에만 우리는 행복에 좀 더 가까이 다가갈 수 있을 것이다.

이남훈

두려운 대상을 똑바로 바라보면 두려움이 사라진다.

– 걱정에 대한 당신의 잘못된 생각들

| PART 1 |

세상에서 가장 두려운 존재는 '내가 알지 못하는 존재'이다.
차라리 상대방에 대해서. 혹은 두려운 대상에 대해서 잘 알고 있다면 그
두려움을 훨씬 줄일 수 있다. 상대를 예측할 수 있고, 그 예측을 통해 뭔
가 대비를 할 수 있기 때문이다. 걱정이라는 대상도 사실은 마찬가지다.
걱정이 가지고 있는 속성을 제대로 알지 못하니 우리는 늘 걱정에 당하
고 휘둘리며 살 수밖에 없다. 이제 우리는 이 '걱정의 실체'에 대해서 똑
바로 쳐다보려고 한다. 이제껏 알지 못했던 존재를 '아는 존재'로 바꾸
기 시작하면 그때부터는 두려움이 줄어들기 시작하고 맞서 싸울 용기가
생길 수 있기 때문이다.

'3년 뒤의 당신'이
오늘하고 있는 당신의
걱정을 듣는다면?

'모순(矛盾)'이라는 말의 어원을 한번쯤 들어봤을 것이다. 글자 그대로 '창과 방패'라는 뜻이다. 어떤 상인이 시장에서 창을 팔면서 '어떤 방패도 뚫을 수 있는 창'이라고 선전을 했고 이어서 방패를 들고는 '어떤 창도 막을 수 있는 방패'라고 말했다. 지나가는 행인이 '그럼 이 창으로 이 방패를 찌르면 어떻게 되는거요?'라고 물었다. 할 말이 없던 상인은 슬그머니 도망가고 말았다. 도저히 말도 안 되는 말, 그것이 바로 모순이다. 이런 모순에 대해서 우리는 일고의 가치도 느끼지 않는다. 그런데 걱정이라는 것에도 이런 모순이 존재한다. 아무리 제대로 설명하려고 해도 설명을 할 수 없는 논리적인 오류가 있다는 이야기다.

사람들은 자신의 미래를 생각하며 은근히 불안해하는 경우가 많다. 지금 직장생활을 잘하고 있다고 하더라도 '몇 년 뒤면 나도 새파란 젊은 친구들에게 밀려날 텐데'라고 걱정하기도 하고 대학 1학년 때부터 벌써 졸업 후의 취직에 대해 걱정하기도 한다. 심지어 결혼을 하면서도 이혼할 것을 걱정해 '결혼계약서'를 작성하는 경우도 있다.

사실 이런 걱정의 본질에는 '나'라는 존재가 향후 3년, 5년이 지나도 전혀 변하지 않을 것이라는 전제가 깔려있다. 예를 들어 '새파란 젊은 친구들에게 밀려날 텐데'라는 것도 틀리지 않은 말이지만 그 사이에 지금보다 더 높은 곳으로 승진해있을 수도 있는 일이다. 대학 1학년 때에 졸업 후의 취직을 걱정할 수도 있지만, 실제 대학 4년이 되어서는 기업에서 먼저 스카웃하고 싶은 인재로 변해있을지도 모를 일이다. 일반적으로 우리들은 아주 특별한 경우를 제외하고는 대부분 지속적으로 생각하고 행동하면서 자신을 변화시킨다. 그런데 '미래의 걱정'이라는 것은 그 오랜 시간 동안 변할 수 있는 가능성을 깡그리 무시 한 채 아주 단편적으로 '지금 현재의 나'와 '3년 뒤에도 그대로인 나'를 일방적으로 비교한다는 이야기다.

예를 들어 6살 꼬마아이가 엄마에게 이런 걱정을 털어놓았다고 해보자.

"엄마, 내가 초등학교에 들어가서도 우리 집을 잘 못 찾으면 어떡하지?"

하지만 이 말을 들은 엄마는 웃으며 이렇게 말할 것이다.

"하하, 걱정하지 마. 초등학생 정도가 되면 네가 더 똑똑해질
테니까 분명히 집을 찾을 수 있을 거야."

아이는 자신이 2~3년 뒤에 집을 찾을 수 있을 정도의 충분한 인지
능력을 스스로 키워갈 것이라는 사실을 알지 못하고 있다. 그저 '6살
인 나'와 '초등학생이 된 나'를 단편적으로 비교하고 있을 뿐이다. 그
2~3년 사이에 발전 가능성을 완전히 무시한 채 말이다.

대개 우리들이 하는 장기적인 미래에 대한 걱정은 이 아이의 걱정
과 크게 다르지 않다. 만약 당신이 3년 뒤의 일에 대해서 걱정한다고
해보자. 그렇다면 당신은 오늘부터 3년이라는 시간 동안 자기발전을
위한 아무런 노력도 하지 않을 것인가? 그래서 3년 뒤의 모습도 지금
과 똑같을 것이라 생각하는가? 만약 그렇게 시간이 흘렀음에도 불구
하고 지금과 동일한 모습이라면 진짜 걱정해야할 것은 당신의 미래가
아니라 당신의 게으름일 뿐이다.

장기적인 미래에 대한 걱정은 이렇듯 창과 방패에 대한 이야기에서

나오는 모순을 그대로 포함하고 있다. '모든 방패를 뚫는 창'과 '모든 창을 막는 방패'라는 이 양립할 수 없는 이야기를 모순이라고 하듯이, '지금 현재의 나'와 '3년 뒤의 나'가 동일할 것이라고 생각하는 것도 양립할 수 없는 모순에 불과하다. 그 시간 동안 당신은 수많은 사람들을 만날 것이고, 그들과 다양한 친분과 교류를 쌓을 것이며, 또한 수많은 기회를 엿보며 더 나은 삶을 위한 노력을 할 것이기 때문이다. 이 모든 과정을 완전히 '딜리트(Delete)'한 채 미래를 걱정하는 것은 모순에 불과한 일이다.

현재를 통해 미래의 걱정을 삭감하는 법

그렇다면 이제 우리에게 필요한 것은 바로 카르페 디엠(carpe diem), 라틴어로 '현재에 충실하라'는 교훈이다. 어떻게 보면 이 말은 미래에 대한 대비나 준비에 대해서는 별로 신경 쓰지 않는 듯한 뉘앙스가 느껴진다. 하지만 이 말처럼 미래에 대한 철저한 준비를 당부하는 말도 그리 많지 않다. 매일 매일에 충실하게 살아간다면 그 충실함이 쌓여 반드시 자신을 변화시킬 것이기 때문이다. 이렇게 당신이 변한다면 지금 당신이 하고 있는 미래에 대한 걱정은 사실 별 의미가 없어지게 된다. 그리고 그렇게 변화된 '3년 뒤의 당신'이 아마 지금 당신의 걱정을 듣는다면 이렇게 이야기할 것이다.

"하하, 괜히 쓸데없는 걱정을 했었잖아? 너는 그동안 충분히 발전했고 훨씬 더 멋지게 변했고 그것으로 너의 인생 자체를 바꿔왔어. 앞으로는 그런 걱정을 할 필요는 없을 거야."

정말로 당신이 아직도 3년 뒤, 혹은 5년 뒤를 걱정한다면 그것은 '나는 죽어도 발전하지도 않을 거고, 앞으로 내 인생을 행복하게 만들기 위한 그 어떤 노력도 하지 않을 거야'라는 다짐을 하는 것에 불과할 뿐이다. 당신이 긍정적인 변화를 다짐하는 한, 그래서 '나도 변할 수 있다'는 자신감을 가지고 있는 한, 어떠한 장기적인 미래에 대한 걱정도 할 필요는 없을 것이다.

걱정에 물들지 않는 **연습**

⋮

미래에 대한 걱정이 들 때

STEP 1

아직 당신이 걱정하는 미래가 오려면 많은 시간이 남아 있다. 당신이 게으름을 피우지 않는 한, 지금처럼 계속해서 발전하려는 의지를 가지고 있을 것이다. 그렇지 않은가?

STEP 2

그러한 노력을 하는 가운데 당신은 스스로 걱정하는 문제에 대한 대안을 분명히 만들어 낼 것이고, 그것이 이루어지기 위해 최선의 노력을 다할 것이다.

그렇다면 이제 당신이 해야 할 것은 단순하다. 지금 이 순간, 하루하루를 충실하게 보내면 반드시 변화가 생길 것이고, 지금의 걱정은 아무 의미가 없는 것이 된다. 그러니 미래를 걱정할 필요는 없다. 오늘 하루가 당신의 미래를 '반드시' 바꿔줄 테니까 말이다.

우리가
걱정에서 벗어날 수 없는
이유

걱정을 바라볼 때 가장 중요한 것 중의 하나가 바로 걱정과 관계를 맺는 우리의 방식이다. 일반적으로 관계를 설정할 때 나의 친구이거나 적이거나, 혹은 아무 사이도 아닌 것이 있을 수 있다. 물론 걱정은 분명 자신과 관련이 깊은 것이기 때문에 아무 사이도 아닌 것은 불가능하다. 그렇다면 걱정을 친구로 대할 것인가, 아니면 적으로 대할 것인가가 남아있다. 만약 걱정을 적으로 대하기 시작하면 걱정은 '사라져야할 것', 혹은 '절대로 나와 함께 해서는 안 되는 것'이 되지만 만약 친구로 바라보기 시작하면 '힘들어도 함께 가야 하는 동료'로 받아들이게 된다. 그런 점에서 우리 삶에서 걱정을 완전히 배제할 수 없다면 분명 걱정을 친구로 대하는 것이 훨씬 나을 수 밖에 없다. 하지만 이는 더 나아가 단순히 '적보다는 친구로 대하는 것이 더 좋지 않겠냐'는 뜻이 아니다. 여기에는 매우 과학적인 이유와 의미가 있기 때문이다.

'내일'이라는 것을 모르는 사람들

우선 다음의 인터뷰를 한번 보자. 한 심리학자와 특정한 질환을 가지고 있는 어떤 환자의 대화이다.

> Q 심리학자 : 내일은 어떤 일을 해볼 생각이십니까?
>
> A 환자 : 그것에 대해서는 잘 모르겠어요.
>
> Q 심리학자 : 혹시 제가 했던 질문이 어떤 것인지는 정확하게 이해를 하셨나요?
>
> A 환자 : 저에게 내일은 어떤 일을 해볼 생각인지 묻지 않으셨 나요?
>
> Q 심리학자 : 맞습니다. 그럼 그 질문에 대해 당신이 생각할 때 어떤 감정이나 느낌이 드는지 이야기해 주실래요?
>
> A 환자 : 글쎄요. 백지상태 같아요. 아무 것도 없는 방에서 의 자를 찾아보라고 누군가가 나에게 부탁하는 그런 느낌이 들 어요. 하지만 거기에는 아무 것도 없거든요. 왜 저에게 그런

걸 찾으라고 하는지 모르겠어요. 넓은 호수 한 가운데에서 수
영을 하고 있는 것 같은 느낌도 들고 제가 의지할 수 있는 것
이 아무 것도 없다는 생각이 드네요.

이 대화를 보면서 아마도 대부분의 사람이 이 사람을 '정신병 환
자'라고 생각할지도 모르겠다. 내일이라는 것을 '백지'라고 표현한다
든지, 혹은 '무엇을 해야할지 모르겠다'라는 지극히 무계획적인 의견
을 말하기 때문이다. 하지만 이 사람은 전반적으로 정신의 상태가 불
안정한 정신병자가 아니라 단지 전두엽만이 손상된 사람일 뿐이다.
정신의 다른 부분에 대해서는 문제가 없다는 이야기다.

위의 대화에서 핵심은 '내일'이라는 것이다. 전두엽이 손상된 환자
는 미래를 계획하거나 여기에 대한 그 어떤 생각도 하지 못한다. 그
는 '왜 없는 의자를 자꾸 찾으라고 하느냐'라고 말했듯이, 그에게 '내
일'이라는 것은 존재하지 않는 의자와 같은 것일 뿐이다. 이렇게 전
두엽이 손상된 환자를 두고 의사들은 '즉각적인 시공간에만 묶여 있
는 사람', 혹은 '현재의 자극에만 몰입되어 있는 사람'이라고 표현을
한다.

결론적으로 보자면 인간이 전두엽을 가지고 있다는 것은 곧 '미래

를 계획하고 준비하는 능력'을 가지고 있다는 의미이고 이를 통해 우리들은 미래를 상상하고 예측하고 그에 따라서 준비를 하게 된다. 그리고 이 과정에서 불안한 미래를 바라보며 '걱정'이라는 것이 생겨나게 되는 것이다. 결국 이렇게 본다면 걱정이라는 것은 우리 뇌의 아주 일반적인 속성 가운데 한가지이며 오히려 걱정이 전혀 없는 사람은 극단적으로 말해 전두엽에 이상이 있는 사람이라고 할 수 있을 정도이다. 그러니까 우리가 정상적인 뇌의 기능을 잃지 않는 한 우리는 결코 걱정에서 멀어질 수는 없다는 이야기고, 그렇다면 걱정은 우리에게 친구가 될 수밖에 없는 존재이다.

결론적으로 의미 없고 쓸데없는 걱정에는 물들지 않아야 하겠지만, 걱정 자체가 우리 인생에서 사라지기는 힘들다. 그런 점에서 걱정을 '때로는 함께해도 괜찮은 친구'라고 생각해보는 것은 어떨까. 마치 나의 앞날을 걱정해주는 소중한 친구의 조언처럼 걱정을 편안하게 받아들이는 것이다. 비록 친구의 조언이 조금은 날이 서 있고, 약간은 질책성이 있다고 하더라도 우리는 그것 자체만으로 친구와 결별하지는 않는다. 나를 생각해주고 나를 아껴주는 친구의 진정한 마음을 이미 알고 있기 때문이다. 걱정, 그것은 우리가 올바른 길을 갈 수 있도록, 그리고 타인들에게 피해를 입히지 않도록 만들어주는 친구의 소중한 조언이다.

걱정에 물들지 않는 **연습**

⋮

걱정을 친구로 만드는 방법

STEP 1

걱정은 우리의 인생에서 절대로 '적'이 될 수가 없다. 우리의 뇌가 정상적인 작동을 하는 이상, '내일과 미래'를 생각하게 되고 그 과정에서 자연스러운 부산물처럼 생겨나는 것이 바로 걱정이기 때문이다.

STEP 2

당신은 친구를 어떻게 대하는가? 때로는 실수도 눈감아주고 약하거나 모자라는 부분이 있어도 도와주고 함께 가는 것이 일반적인 친구관계일 것이다.

STEP 3

걱정이 있다면 그것에 짜증내고 힘들어 할 것이 아니라 자연스럽게 보듬어주는 마음가짐을 가져보자. 때로는 오히려 걱정을 위로하고 '그렇지 않을 수도 있을 거야', 혹은 '너무 그렇게 걱정할 필요는 없을지도 몰라'라며 따뜻한 말을 건네 보기도 하자.

걱정과 친구가 되겠다는 마음가짐과 태도, 그리고 그 걱정이라는 친구가 때로는 너무 과도하게 생각할 때에는 오히려 그것을 위로해주겠다는 자세를 가질 수 있다면. 걱정이 주는 불안감과 두려움에 엄습 당할 리는 없을 것이다.

불확실성이 사라질 수 없다면
남은 문제는
태도일 뿐이다

●
●
●

우리들이 걱정의 바다에서 끊임없이 표류하는 이유는 바로 '불확실성' 이라는 것 때문이다. 앞날이 어떻게 전개될지 모르고, 어떤 변수가 어떻게 튀어나올지 모르기 때문에 걱정하고 고민하게 된다. 어떤 면에서 보면 계획에 집착하고 불확실성을 제거하고자 하는 욕구가 강한 사람일수록 걱정을 많이 하는 경우를 볼 수 있다. 지금 당신이 하고 있는 고민을 찬찬히 되짚어 보면 그 근원에는 미래에 대한 불확실성이 아주 촘촘하게 깔려 있을 것이다. 뭔가 그 대상이 정확하지는 않지만 왠지 모를 불안감과 마음의 흔들림 이면에서 바로 이러한 불확실성이 주요한 원인으로 작용하고 있다는 이야기다.

우리 모두는 불확실성에서 멀어지고 싶어 한다. 보다 안정된 상태에서 불안에 신경 쓰지 않고 살고 싶어 하는 것이다. 따라서 우리는 늘 이런 의문을 품곤 한다.

"나의 인생에서 불확실성이 사라지고 안정된 삶을 살아갈 수는 없을까?"

하지만 과연 이런 의문은 해결이 가능할까? 사실은 이 세상 전체가 거대한 '불확실성의 세계'라고 표현해도 과언이 아니다. 그리고 그것은 아주 오래된 과거에서부터 시작되어 왔다. 원시시대부터 인간의 DNA에는 이러한 불확실성에 대한 두려움이 각인되어 왔던 것이다. 어디에서 맹수가 튀어나올지 모르는 불확실성, 언제 가뭄이 시작될지 모르는 불확실성, 그리고 언제 신이 노하여 자녀들이 병으로 죽을지 모르는 불확실성 속에서 살아야 했기 때문이다.

문명이 발달했다고 이러한 불확실성이 점차 줄어드는 것은 아니다. 사회제도 속에서, 인간관계 속에서, 직장생활에서도 마찬가지로 우리는 계속해서 불확실한 상태에 머물러 있다. 그것은 과거에도 그랬고, 지금도 그렇고, 미래도 변하지 않는 사실일 것이다. 따라서 우리의 삶에서 이러한 불확실성을 제거한다는 것은 매우 힘든 일이다. 물론 당장 몇 개월, 혹은 2~3년 정도는 안정된 생활을 예측할 수는 있어도 그것은 말 그대로 '예측'일 뿐이고 그 단기간의 예측이 비록 성공적이었다고 해도 불안정성은 또다시 예비 되고 있다고 해도 과언이 아니다.

따라서 이러한 불안정성은 그냥 받아들이는 수밖에 없다. 이것을 제거한다는 것은 불가능하기 때문이다. 그렇다면 불확실성을 있는 그대로 받아들인다는 것은 무엇을 의미하는 것일까. 그것은 그냥 자포자기하라는 의미일까. 혹은 불확실성은 없앨 수 없으니 그냥 닥치는 데로 그때그때 알아서 살아가는 의미일까. 과연 우리는 이러한 불확실성에 대해 어떤 자세와 태도를 가져야할까.

용기와 순발력, 그리고 불안정성의 관계

여기에 두 부류의 사람이 있다고 하자. 한 명은 강한 자신감과 순발력을 통해 '나는 언제든, 어떤 일이든 빠르고 현명하게 대처할 수 있어'라는 신념을 가지고 있다. 그리고 또 한 명은 자신의 순발력이나 대처능력에 대해 큰 자신감을 가지고 있지 않다. 과연 이 둘 중에서 어떤 사람이 걱정을 더 많이 할까?

당연히 후자의 사람일 것이다. 자신감이 넘치고 늘 용기 있게 살아가려는 사람에게는 미래의 불확실성이 큰 변수로 작용하지 않기 때문에 걱정할 일이 많지 않다. 불안하기는 해도 이겨나갈 수 있을 것이라고 믿기 때문이다. 반면 그렇지 못한 사람은 동일한 상황에서도 자신의 미래를 생각할 때 마다 늘 한숨의 연속일 뿐이다. 이렇게 따져보면 사실 걱정이라는 것은 '우리 인생의 불안정성' 때문에 생기는 것이 아니라 '내가 미래를 어떻게 대응해 나갈 것인가?'라는 태도의 문제에 불과하다고 할 수 있다.

그리스의 위대한 철학자로 불리는 에픽테투스는 이렇게 이야기했다.

"인간은 일어난 사건에 의해서가 아니라 그 사건에 대한 자신의 의견 때문에 고통을 느끼게 된다."

사실은 걱정도 마찬가지다. 어떤 사람은 미래의 불확실성에 대해서 '나는 이겨나갈 수 있어'라고 자신 있게 말하고 또 어떤 사람은 '어떻게 하지? 큰 걱정이야'라고 말한다. 걱정의 본질은 개개인에 따라 다르지만, 결국은 자세와 태도만이 걱정의 강도를 결정할 뿐이라는 이야기다. 따라서 우리가 해야 할 것은 '불확실성이 제거된 삶'을 꿈꿀 것이 아니라 '어떻게 하면 자신감과 용기를 더 높일 수 있을까'라는 점을 생각해야 하는 것이다. 하지만 지금 당장 자신감이 부족한 자신을 탓할 필요는 전혀 없다. 그리고 실제로 '난 오늘부터 자신감을 가질 거야'라고 결심한다고 해서 갑자기 자신감의 수치가 상승할 수 있는 것도 아니기 때문이다.

자신감을 높여 걱정을 밀어내는 방법

자신감을 가장 효과적이고 빠르게 높여갈 수 있는 방법 중의 하나는 바로 자신의 실패에 관대하고 여유로운 자세를 취하는 것이다. 대개 걱정이라는 것은 '내가 실패하면 어쩌지?'라는 생각에게 기인하게 된다. 즉, '성공과 실패에 대한 불확실성' 때문에 생겨나는 경우가 많다는 이야기다. 취업을 걱정하는 구직자는 '내가 취업에 실패하면 어쩌지?'라는 생각 때문에 걱정을 하고, 승진을 걱정하는 직장인은 '내가 승진이 안 되면 어쩌지?'라는 생각 때문에 걱정을 하게 된다.

이런 상황에서 자신의 실패에 관대하고 순발력 있게 대처하려고 마음먹는다고 해보자. '뭐 당장 취업에 실패하면 어때. 조금 눈높이를 낮춰서 지원하면 되지'라거나 '실패하면 계속 도전하면 되지. 그래도 나를 필요로 하는 회사는 반드시 있을 거야'라고 생각하면 걱정의 빈도와 강도는 현저하게 낮아지고 서서히 불확실성에 대처해 나갈 수 있는 자신감이 생겨나기 시작한다. 그런데 이는 단순히 우리의 마음가짐만을 바꿔서 미래를 긍정적으로만 보라는 의미는 아니다. 놀라운 사실은 이렇게 자신의 실패에 관대할수록 더욱 많은 실패를 하는 것이 아니라 오히려 정반대로 생존력이 강해진다는 점이다. 생존력이 강해진다는 것은 곧 실패에 대한 걱정이 줄어든다는 것을 의미한다.

캐나다 베이크레스트 노인의료센터의 로트먼 연구원은 20대와 70대를 대상으로 기억력 테스트를 한 적이 있었다. 그 결과 나이와 상관없이 실패와 시행착오를 통해 얻은 정보를 더 잘 기억하는 것으로 나타났다. 이러한 실패의 과정을 통해 우리의 뇌는 시냅스의 연결기능을 강화함으로써 기억력은 물론 탄력적 상황에 더 잘 대처하게 함으로써 스스로의 자연적인 생존력을 높인다는 이야기다. 실패에 관대해지면 우리의 뇌는 더욱 똑똑해지고, 더 잘 기억하고, 또 새로운 미래를 준비해나갈 수 있다. 따라서 우리가 걱정에서 멀어지기 위해서는 자신의 실패, 실수를 관대하게 대할 필요가 있고 오히려 이를 통해서 새로운 것을 배우겠다는 자세가 절실하다. 더 나아가 미래가 불안해서 걱정이 되거나 자신감이 없다면 '나는 왜 이렇게 자신감이 없지?'라고 생각하며 자신을 탓할 것이 아니라 '나는 나의 실패에 대해서 어떻게 생각하지?'라는 점을 먼저 헤아려봐야 한다.

성공의 확률을 높이는 법

세계적인 컴퓨터 회사인 IBM에서는 이런 일이 있었다. 당시 한 간부가 무리한 프로젝트를 진행하다가 회사에 1,000만 달러에 이르는 엄청난 손해를 입혔다. 결국 그 간부는 IBM의 창업자인 톰 왓슨 회장에게 사표를 제출할 수밖에 없었다. 하지만 회장은 이렇게 말했다.

"지금 무슨 소리를 하는 건가? 우리는 당신에게 무려 1,000만 달러어치의 교육비를 지불한 것이네. 그러니 결코 사표는 받아들일 수 없네. 만약 당신이 사표를 내면 우리는 그 대가를 어디에서 보상받는다는 말인가?"

훗날 간부는 그때의 실패 경험을 토대로 회사에 많은 이익을 올려주는 사람으로 성장할 수 있었다. 그리고 톰 왓슨 회장은 훗날 이런 명언을 남겼다.

"성공을 원하는가? 그렇다면 실패를 두 배로 높여라."

불확실한 삶에 대처하는 가장 현명한 방법은 성공을 목표로 하고 그것의 달성을 위해 노력하는 길이다. 대개 우리의 삶은 성공에 가까워질수록 걱정에서 멀어질 가능성이 높기 때문이다. 그렇다면 당신의 성공 가능성을 높이기 위해서는 실패의 가능성만 높이면 된다. 실패를 해도 상관이 없고, 실패를 받아들일 수 있으며, 그 실패마저 극복할 수 있는 힘과 용기를 스스로 가지고 있다고 생각하라.

미 육군 정신신경의학 상담부에서 오랜 기간 동안 많은 군인들을 상담했던 체임버스 장군은 이렇게 이야기한 적이 있다.

"대부분의 사람은 자신이 실제로 얼마나 용감한지 잘 알지 못하고 있다. 남녀를 막론하고 많은 사람들이 자신의 잠재력을 모른 채 자신에 대한 회의에 빠져 살고 있다. 만약 그들이 이러한 사실을 알고 있다면 미래에 닥칠 수 있는 위기 상황과 같은 문제에 훨씬 더 잘 대처할 수 있을 것이다."

자신의 잠재력을 믿고 전진해나가는 것. 그것이 바로 당신이 걱정으로부터 멀어지는 길이다.

걱정에 물들지 않는 **연습**

앞으로의 실패가 두려울 때

STEP 1

세상에 미래가 불확실하지 않은 사람은 단 한명도 없다. 불안정을 느끼지 않는 사람은 죽은 사람일 뿐이다.

STEP 2

중요한 것은 불확실한 미래에 어떻게 대처하느냐일 뿐이며 그것은 실패를 어떻게 받아들이느냐와 관련이 있다.

STEP 3

당신이 해야할 일은 그리 복잡하지도 않고 많지도 않다. 실패를 받아들이고, 그 실패가 자신을 더욱 성장시킨다는 사실만 받아들이면 된다.

미래를 걱정할 필요는 없다. 당신의 실패, 그리고 거기에 대처하는 당신의 잠재력이 미래를 더욱 밝게 만들어 줄 것이기 때문이다.

해석에 따라
달라지는
불행과 행복

세상에는 수많은 사람들이 존재한다. 이 말은 곧 '수많은 생각'이 존재한다는 의미이다. 하나의 동일한 사건을 보고도 그것을 절망적으로 느끼는 사람이 있는가 하면 전혀 반대로 희망적으로 생각하는 사람도 있다. 또 긍정도 부정도 아닌 전혀 색다른 의견을 제시하는 사람도 있을 수 있다. 이를 두고 우리는 흔히 '생각의 차이'라고 말한다.

그렇다면 우리는 이렇게 생각할 수도 있다. 지금 당신이 하고 있는 걱정과 특정 상황에 대한 부정적인 의견 역시 다른 사람들은 전혀 하지 않는 극히 일부분의 해석, 혹은 여러 가지 생각 중에서 단지 하나일 뿐일 수도 있다는 점이다. 이는 곧 당신이 하고 있는 걱정이 전혀 타당한 것이 아닐 수도 있다는 의미이다. 만약 그렇다면 당신은 '남들이 전혀 하지 않는 걱정'을 사서 할 필요가 있을까?

해석에 따라 달라지는 불행과 행복

이런 우화가 있다. '늘 행복하다'고 말하는 한 명의 노인이 있고, 반대로 '늘 불행하다'고 말하는 또 한 명의 노인이 있다. 그런데 우연찮게도 그들의 아들들은 서로 똑같은 직업을 가지고 있었다. 첫째는 소금장수를 하고 있었고 둘째는 우산장수를 하고 있었다. 자신이 늘 불행하다고 말하는 노인은 이렇게 이야기한다.

> "비가 오는 날에는 소금장수를 하는 큰 아들이 걱정이고, 날
> 씨가 화창한 날에는 우산장수를 하는 작은 아들이 걱정입
> 니다. 이러니 매일 걱정이 끊이질 않네요. 비가 오든, 날씨가
> 화창하든 언제나 걱정이 있기 마련이죠."

그러나 자신이 늘 행복하다고 말하는 노인은 또 이렇게 이야기했다.

> "비가 오는 날에는 우산장수를 하는 작은 아들이 잘되어 무척
> 기쁘고, 날씨가 화창한 날에는 소금장수를 하는 큰 아들이
> 잘되어 기쁩니다. 그러니까 저는 언제나 행복할 수밖에 없죠."

과연 두 노인의 불행과 행복을 결정하는 요인은 어떤 것이었을까? 날씨의 좋고 나쁨이었을까? 혹은 날씨에 좌우되는 직업을 가진 아들들일까? 그것도 아니면 정작 자신들의 해석 때문이었을까?

'위기는 기회다'라는 말이 있다. 기업을 운영하는 많은 경영자들은 한편으로는 위기를 두려워하지만 또 한편으로는 그곳에 새로운 기회가 있다고 생각한다. 위기를 위기로 보는 자에게는 모든 것이 위기일 뿐이고, 위기에서 또 다른 발전의 가능성을 보는 자에게 위기는 기회로 뒤바뀐다. 이 역시 상황에 대한 해석이 가져다주는 '생각의 차이'일 뿐이다.

물론 때로는 이러한 해석의 여지가 전혀 없는 '객관적으로 불행한 일'이 있는 것도 사실이다. 예를 들어 사랑하는 부모님이 갑자기 사고로 돌아가셨거나 빚 때문에 법원에서 살고 있던 집을 압류한다든지, 또는 자신이 낳은 아이가 장애를 가지고 태어났다면 이는 해석의 여지가 없는 '객관적인 불행'처럼 보이는 것도 사실이다. 아마도 평범한 사람들이 이러한 일을 겪는다면 거의 대부분이 좌절을 하게 마련이다.

하지만 이렇게 다른 해석의 여지가 전혀 없어 보이는 이런 사실 조차도 새로운 해석의 여지는 있다. 압류된 집에서 쫓겨날 위기에 처했지만 그것을 재도약의 계기로 삼을 수도 있고, 비록 부모님이 돌아가

셨지만 부모님이 더 이상의 육체적인 질병과 고통에 시달리지 않음을 안도할 수도 있다. 이와 같이 다른 해석의 여지가 전혀 없어 보이는 상황에서도 얼마든지 그 안에서 걱정을 이겨내고 행복을 추구할 수 있는 해석이 있을 수 있다.

걱정을 이겨나갈 수 있는 의지

하지만 이는 '모든 것은 해석의 문제일 뿐이니 어떤 일을 당하더라도 그냥 긍정적으로 생각하고 그것으로 걱정을 떨쳐버려라'는 의미는 아니다. 아무리 다양한 해석의 여지가 열려 있더라도 사람은 자신이 느끼는 근본적인 감정을 그리 쉽사리 바꿀 수는 없기 때문이다. 해석을 달리 해서 다소 마음의 평안을 얻는다고 해도 마음 속 깊은 곳에 있는 진짜 생각을 무작정 덮기는 쉽지 않다. 따라서 다양한 해석의 여지 중에서 긍정적인 것을 선택하라는 것이 아니라 긍정적인 해석을 통해서 주어진 상황을 헤쳐 나갈 수 있는 불굴의 의지를 스스로 키워나가는 것이 중요하다는 말이다. 실제로 이러한 의지로 '객관적인 불행'을 이겨나간 사례는 수도 없이 많다.

미식축구 선수 중에 프랜 타켄턴과 덕 플루티라는 사람이 있었다. 그들은 미식축구 전문가들로부터 '덩치가 너무 작아서 도저히 미식축구에는 어울리지 않는다'라는 평을 들었다. 하지만 그들은 자신의 '객관적인 불행'인 덩치의 콤플렉스를 이겨내고 놀라운 성과를 이뤄냈다. 또 심지어는 두 팔이 없이 태어난 미국 여성 제시카 콕스는 두 발로만 태권도 단증과 운전면허를 따고 심지어 비행기 조종자격증까지 획득하기도 했다. 그녀가 태어났을 때 절망적이었던 그녀의 부모들은 자녀의 자랑스러운 모습을 보면서 그들에게 닥친 '객관적인 불행'을 이겨나갔다.

'객관적인 불행'은 그냥 물리적인 것일 뿐이다. 이제 남은 것은 당신 자신의 '주관적 의지'이다. 지금 당신이 하고 있는 걱정이 큰 의미가 없는 것도 바로 이런 이유다. 상황에 대한 다양한 해석을 통해 보다 나은 관점을 찾아내고 주어진 상황을 스스로의 노력으로 바꿔나가겠다는 마음만 있다면 지금하고 있는 걱정 따위가 당신의 미래를 망치는 일은 없을 것이다.

걱정에 물들지 않는 **연습**

:

객관적 불행에 대한 걱정을 이기는 법

STEP 1

이 세상에 자신만의 어려움이 없는 사람, 타인과 비교해서 콤플렉스가 없는 사람은 아마 단 한 명도 없을 것이다. 또한 자신의 미래가 희망찰 것이라고 100% 확신하는 사람도 찾아보기 쉽지 않다. 모두가 나름의 '객관적 불행'을 가지고 있다는 이야기다.

STEP 2

하지만 객관적 불행이 당신의 미래를 결정짓는다고 생각하면 당신은 한없이 수동적인 사람일 수밖에 없다. 객관적 불행, 그리고 그것으로 인한 걱정을 제어할 사람은 세상에 당신밖에 없기 때문이다.

STEP 3

상황을 희망적으로 해석하라는 것은 그것을 이겨나갈 계기를 스스로 만들어 나가라는 의미이다. 모든 것을 어렵게 생각하기 시작하면 그것을 이겨낼 용기도 줄어들기 때문이다.

긍정적인 해석과 도전의 의지, 이 두 가지만 갖춘다면 당신에게 어떤 불행이 닥치고 그로 인해 미래에 대한 걱정이 생겨도 충분히 헤쳐 나갈 수 있을 것이다.

과거의 부정적인 경험이
만들어내는
부정적인 필터링

우리가 생각을 하는 방법은 마치 강물이 흐르는 것이나 눈이 하늘에서 내리는 것과 매우 비슷한 형태를 띠고 있다. 산에서 흘러내려오는 강물은 자연스럽게 바다로 흘러가고 하늘에서 내리는 눈도 자연스럽게 땅에 쌓인다. 여기에 선택권이란 없다. 물이 자신이 가는 길을 선택할 수 없고, 눈도 자신이 내려앉을 장소를 선택할 수 없다.

이와 마찬가지로 우리의 생각 역시 어느 순간 머리에 떠오르고 그에 따라 기쁨이나 즐거움, 분노와 슬픔이 동시에 생겨난다. 물론 시간이 흐르면 이 역시도 언제 그랬냐는 듯이 사라지곤 한다. 한편에서 보면 우리의 생각 역시 우리에게 선택권이 없는 것처럼 느껴지는 것이다. 그렇다면 정말 우리에게는 '생각에 대한 선택권'이란 없는 것일까? 만약 우리에게 이러한 선택권이 있다면 걱정이나 부정적인 생각을 선택하지 않음으로써 더 긍정적이고 걱정에서 멀어지는 생활을 할 수 있지 않을까?

걱정은 너무도 자연스러운 것?

걱정이나 부정적인 생각을 좋아하는 사람은 없다. 모두들 그것이 좋지 않다고 생각하거나 혹은 그것에서 벗어나고 싶어하지만, 자연스럽게 부정적인 생각이나 걱정에 빠져드는 것은 어쩔 수 없다고 여긴다. 하지만 실제로 걱정이나 부정적인 생각을 '자연스러운' 것이 아니라 우리가 무의식적으로 그것을 '선택'하고 있다고 할 수 있다.

우울증을 앓고 있는 사람은 동일한 사안에 대해서 보통 사람보다 훨씬 민감하게 반응하고 더 많은 슬픔을 느낀다. 보통 사람이 볼 때에는 과하다 싶을 정도로 그렇게 반응하고 행동한다. 따라서 보통 사람들은 그들을 이해하기 쉽지 않고, 때로는 그들의 생각이나 행동을 비난하기도 한다. 하지만 우울증 환자들에게 그러한 사고방식은 너무도 당연한 일이다. 그들의 말에 따르면 '사업을 하다 큰 경제적인 손실을 입었는데 어떻게 우울하지 않을 수 있느냐', '배우자가 불륜을 저지르거나 내 자식의 성적이 형편없는데 어떻게 우울하지 않을 수 있느냐'고 반문한다. 물론 그들의 말이 틀린 것은 아니지만 동일한 상황에서 어떤 사람은 다시 사업을 일으키기 위해 노력함으로써 우울을 씻어내고, 또 어떤 사람은 이혼이라는 선택을 해서라도 우울에서 벗어나려고 노력한다. 생각과 행동의 방향이 전혀 다른 것이다. 이보다 더욱 안 좋은 상황일지라도 긍정적으로 생각하는 사람들은 얼마든지 있으며 같은 상황에서도 결코 우울증에 걸리지 않는 사람이 있는 법이다.

또한 전문가들은 이렇게 우울증에 시달리는 사람들은 자신의 내면에서 현실을 더욱 부정적으로 채색해서 인식하는 경향도 강하다고 한다. 그렇다면 그들이 시달리는 우울증은 결국 그들의 선택일 뿐이라는 이야기다. 그렇지 않은 사람들도 얼마든지 많다는 점에서 그들의 우울이 '모든 이들에게 자연스러운 것'이라고 말하기에는 힘든 면이 있다.

우리 뇌가 하는 부정적인 필터링

더 나아가 뇌 과학적인 측면에서도 우리의 걱정과 부정적인 생각은 결코 '자연스러운 것'은 아니다. 우리가 일상적으로 하는 생각들은 뇌의 세 가지 부위를 거치게 된다. '뇌간-대뇌변연계-대뇌'이다. 뇌간은 감각적으로 얻게 되는 모든 현실적 정보를 파악하고 이를 대뇌변연계에 넘겨주게 되고 여기에서 다시 한 번 필터링을 거친 후 대뇌로 가게 되고 이것이 바로 우리가 하는 '생각'이 되는 것이다. 그런데 이 과정에서 중요한 것은 바로 대뇌변연계에서 하는 필터링의 과정이다. 대뇌변연계는 뇌간을 통해서 입수된 현실적 정보를 과거의 경험과 비교하는 역할을 한다. 따라서 만약 현재의 정보들이 과거에 했던 나쁜 경험들과 비슷하다고 판단되면 현재의 정보 자체를 부정적인 것으로 판단한다는 이야기다. 반대로 현재의 정보들이 과거에 했던 기분 좋았던 경험들과 비슷하다고 판단되면 현재의 정보 자체를 긍정적으로 판단한다. 결국 이 과정에서 유일한 판단의 기준은 '과거의 경험'일 뿐이라는 이야기다. 좀 더 쉽게 이야기하자면, 공부에 대해서 아주 즐거운 추억과 경험을 가지고 있는 학생이라면 공부를 해야 하는 지금의 상황을 아주 긍정적으로 받아들이고, 반대로 공부에 대해 나쁜 추억과 경험이 있다면 공부 자체를 부정적으로 받아들인다는 것이다. 같은 공부라고 하더라도 '과거의 경험'으로 인해 전혀 다른 판단이 이뤄진다. 그래서 실패가 많은 사람들은 새로운 도전을 꺼리는 경향이 있고, 성공의 경험이 많은 사람은 오히려 새로운 도전을 아주 흥미롭게 여기는 것이다. 이렇게 본다면 지금 우리가 내리는 부정적인 생각, 걱정들은 오로지 과거의 경험에 비추어서만 판단될 뿐이라는 이야기다. 앞으로 생길 전혀 다른 기회, 자신도 아직 해보지 못한 전혀 미지의 경험늘에 대한 가능성은 완전히 묵살된 채 말이다.

바로 여기에서 왜 현재 자신이 하고 있는 걱정과 부정적인 생각이 자연스럽지 못한 것인지를 알게 된다. 그것은 그저 과거의 경험에 의해서만 필터링 되도록 구조화되어 있기 때문이다. 하지만 과거에는 나빴지만 앞으로는 좋아질 가능성도 얼마든지 있으며, 또 그 반대의 경우도 있을 수 있다. 많은 새로운 기회가 있음에도 불구하고 오로지 과거의 경험에만 비추어 걱정하고 부정적인 생각을 하고 있으니 이는 분명 자연스러운 것이 아닐 수밖에 없다.

또 하나 알아야 할 것은 우리가 사용하는 언어 역시 긍정적인 언어보다 부정적인 언어가 2배가 더 많다는 사실이다. 언어는 두뇌활동에 하나의 개념을 설정한다는 점에서 상황을 설명하는 매우 중요한 도구가 된다. 따라서 중립적, 객관적으로 사고를 한다고 해도 부정적인 언어가 훨씬 많기 때문에 부정적인 생각으로 치우칠 가능성이 훨씬 높을 수밖에 없다.

이 지점에서 우리는 걱정과 부정적인 생각에 대한 '선택권'을 가질 수 있다. 우리의 생각과 감정은 그저 과거의 경험들에 의해 필터링 된 것에 불과하기 때문에 그것들을 있는 그대로 받아들일 필요가 없다는 점이다. 따라서 현재 자신에게 어떤 걱정이 있거나 대상에 대한 부정적인 생각이 들 때에는 그것에 대해서 '일단 멈춤(Stop)'을 할 필요가 있다. 그것이 부정적으로 느껴지든 긍정적으로 느껴지든 간에 과거의 경험에 기인하는 바가 크다는 사실을 떠올리고 섣부르게 그것을 확신해서는 안 된다는 것이다. 만약 당신이 우울을 과도하게 느끼는 사람이 아니라면 이와 같이 '일단 멈춤'을 통해서 상당수의 걱정과 불안을 떨쳐낼 수 있을 것이다.

걱정에 물들지 않는 **연습**

⋮

긍정적인 생각을 선택하기

STEP 1

때로는 자신의 생각을 관찰할 줄도 알아야 한다. 지금 나에게 부정적인 생각과 걱정이 떠오르는 이유는 무엇인가, 과거의 어떤 경험 때문인가 등을 생각해보자. 또한 현재 자신이 우울감을 느낀다면, 그것 역시 동일한 상황에 대한 수많은 반응 중 하나일 뿐이라고 생각해보자.

STEP 2

생각의 '일단 멈춤'은 자신의 생각에 깊이 빠져들지 않도록 도와줄 것이며 스스로를 객관화시키는 데에 상당한 도움을 줄 수 있을 것이다.

❖

부정적인 생각과 걱정이 자신을 엄습한다면 그 즉시 TV 채널을 돌리듯이 긍정적인 생각으로 바꾸는 것도 좋은 방법이다. 부정적인 생각과 걱정을 억압하거나 억지로 잊으려고 하는 것이 아니라 단순한 '대체'라고 보면 된다. 이러한 연습을 꾸준히 하면 자신의 생각을 스스로 선택할 가능성이 매우 높아질 것이다.

걱정은
오히려 상황을
악화시킨다

•
•
•

우리가 무언가를 계속해서 걱정하는 것은 그에 대한 해법이 마땅히 없기 때문이다. 해법만 있다면야 걱정도 눈 녹듯 사라지는 것은 너무나 당연한 일이다. 그런데 우리가 아무리 걱정을 한다고 해도 그것 자체만으로 명쾌한 해법이 만들어지지는 못한다. 오히려 정반대로 걱정이 상황을 더욱 꼬이게 만들고 악화시킬 가능성이 높다고 할 수 있다. 해법을 위해 걱정을 하는 것인데, 왜 그것이 해법을 생각하거나 만드는 것을 더욱 힘들게 할까. 걱정이 우리의 인체에 영향을 미치고 그것이 또다시 정신력에 직접적인 영향을 주면서 상황판단을 흐리게 만들기 때문이다. 결국 걱정을 하면 할수록 상황이 해결되지 못할 가능성이 오히려 높아진다는 이야기다.

인간이 느끼는 감정은 그저 감정에만 머무는 것이 아니라 우리의 인체에도 아주 직접적인 영향을 미친다. 핀란드 알토대학교 연구진이 서유럽인과 동양인 700 여명을 대상으로 실시한 실험에 따르면 사람이 걱정을 하게 되면 우울감, 두려움, 분노 등이 생기게 되고 온 몸의 기능이 저하되고 무기력하게 된다고 한다. 특히 과도한 걱정은 가슴에 통증을 일으키기도 한다. 걱정을 많이 하다보면 가슴이 답답해지는 느낌이 드는 것은 막연한 느낌이 아니라 실질적인 인체의 생리현상인 것이다. 뿐만 아니라 우리는 걱정을 하면서 '피가 마른다'는 표현을 흔히 쓰기도 한다. 그런데 실제로 감정이 격해지면 인체에서는 혈전을 만들어 내면서 피를 딱딱하게 굳게 만들고 이를 통해 혈액순환이 방해를 받는다. 뿐만 아니라 인체의 자율신경계가 극도로 흥분하기 시작한다. 일시적인 현상이라면 신체가 곧 균형을 되찾겠지만, 만약 그렇지 않다면 자율신경계 실조증에 걸릴 수 있다. 긴장과 안정의 조화가 파괴되면서 면역력이 떨어지고 질병에 대한 저항력까지 현저하게 떨어지게 되는 것이다.

문제는 이러한 각종 스트레스들이 사람의 판단력까지 저하시키는 경우가 흔하다는 것이다. 실제 미국 국립알코올중독연구소의 루이 코스타 박사를 비롯한 포르투갈 연구진들은 만성적인 스트레스가 어떻게 판단력을 떨어뜨리는지를 연구했다. 쥐를 대상으로 실험한 결과 스트레스에 만성적으로 노출된 쥐는 판단력이 저하되고 자신의 습관에서 쉽게 벗어나지 못하는 것으로 나타났다. 스트레스가 스스로를 개선하거나 새로운 도전에 대한 의욕을 잃게 만든다는 이야기다.

흔히 자신에게 어떤 문제나 위기가 닥쳤을 때 가장 중요한 것은 우선적으로 정신과 마음의 평정을 잃지 않고 상황을 정확하게 판단하는 일이다. 그래야만 해법을 구할 수 있고 난국을 타개할 수 있기 때문이다. 만약 평정과 정확한 판단이 이뤄지지 않는 상황에서는 문제의 해법도 요원할 뿐이다. 그런데 걱정은 바로 마음의 평정과 정확한 판단 자체를 흔들리게 만들어서 상황을 더욱 악화시키곤 한다.

더욱 큰 문제는 걱정으로 인한 스트레스 상황이 우리의 심리상태를 도피, 혹은 싸움을 준비하게 한다는 점이다. 하지만 모두가 알고 있듯이 특정한 상황으로부터 도피는 결코 문제를 해결해주지 못할 뿐만 아니라 과격한 반응 역시 상황을 해결하는 데에는 전혀 도움이 되지 않는다. 결국 걱정이라는 것은 긍정적으로 문제를 해결하기 위한 극히 일부의 걱정을 제외하고는 대부분 백해무익하고 상황을 더욱 악화시킬 뿐이라는 이야기다.

자기 자신을 객관화 시키는 방법

물론 사람은 '감정의 동물'이라고 할 정도로 감정에 많은 영향을 받으며 살아간다. 따라서 어떻게 보면 걱정이라는 것도 감정의 범주에 속하기 때문에 완전히 벗어나기가 쉽지 않을 수 있다. 하지만 의미 없는 걱정에서 벗어나기 위해서는 스스로의 노력이 절실한 것이 사실이다.

이러한 노력 중에서 가장 유용한 방법 중 하나는 바로 '자기 자신을 객관화 시켜보는 것'이다. 사실 해법 없는 걱정이 별로 도움이 되지 않는다는 사실을 알면서도 걱정을 멈추지 못하는 것은 자기 스스로의 마음과 감정이 이미 그 상태에 빠져 있기 때문이다. 이런 상황에서는 감정에 휘둘리는 것을 멈추기가 쉽지 않다. 하지만 '자기 자신을 객관화 시켜보기'를 통한다면 어느 정도는 걱정을 제어할 가능성이 높아진다. 이는 건강한 자아를 갖기 위한 심리적 훈련 방법으로 사용되기도 한다. 자신을 마치 타인처럼 분석할 수 있고, 이를 통해 스스로를 통찰한다면 신경증에 걸릴 확률도 현저하게 저하되고 안정적인 문제해결 능력을 가지게 될 것이다. 이런 방법은 인지 심리학에서는 '자기 모니터링 능력'이라고 부르기도 한다. 걱정이나 두려움, 난관을 두려워하지 않고 그것을 대하는 자기 자신의 모습까지 모니터링하는 것이다. 무엇이 두려운가, 무엇이 걱정스러운가, 왜 걱정스러운가를 스스로에게 질문하다 보면 자신을 서서히 객관화시킬 수 있다. 특히 타인의 걱정과 문제에 대해서는 조언을 잘하면서도 정작 자신이 그 문제에 직면하면 올바른 사고를 하기 힘든 경우가 많다. 이 모든 것이 지나치게 주관에 빠져서 생기는 문제이다.

그렇다면 이렇게 스스로를 객관화시킬 수 있는 방법에는 어떤 것이 있을까. 무엇보다 좋은 방법은 자기 스스로에게 조언을 하는 것이다. 스스로에게 제3자적인 조언을 주게 되면 걱정의 감정이 가져다주는 불안과 우울에서도 어느 정도는 벗어날 수 있을 것이다. 특히 조언을 하는 입장이 되어서는 보다 냉정하고 합리적인 관점을 유지하는 것이 좋다. 원래 '걱정하는 나'의 모습이 반영되지 않고 '조언하는 나'의 입장을 견지할 수 있다면 보다 도움이 되는 조언을 스스로에게 할 수 있을 것이다.

또한 타인에게 조언을 구하되 그것을 나의 입장에서 해석하지 말고 온전히 타인의 입장이 되어보는 것도 한 가지 방법이다. 스스로에게 냉정하고 합리적이기 힘들다면, 한번 정도는 타인의 말을 완전히 신뢰하고 그의 입장에서 나를 바라보는 것이다. 이렇게 한 뒤에 자신의 입장을 다시 정리하게 되면 보다 자신에게 맞는 해법을 구할 수도 있을 것이다.

걱정에 물들지 않는 **연습**

:

상황을 악화시키지 않는 법

STEP 1

첫 번째로 기억할 것은 걱정은 절대로 문제 해결에 도움이 되지 않는다는 점이다. 오히려 마음의 균형과 평정을 깨뜨리고 심지어 육체의 자율신경계까지 방해를 해서 합리적인 판단을 더욱 어렵게 만드는 경향이 있다.

STEP 2

때로는 자기 자신에게 냉철하게 조언을 하거나 한번쯤은 타인의 의견을 무조건 받아들여 스스로가 제3자가 되는 경험을 해보는 것도 도움이 될 수 있다.

이러한 방법을 습관화시키고 그래서 걱정이 들 때마다 지속적으로 본래의 나 이외의 또 한 사람의 조건, 즉 '조언자인 자신'의 의견을 수시로 듣고 이를 참조한다면 걱정을 줄이고 상황에 맞는 올바른 해법을 만들어 낼 수 있을 것이다.

때로는 우리가
제압해야할
걱정이라는 애매함

걱정은 꽤 다양한 외피를 가지고 있는 감정이라고 할 수 있다. 미래에 닥칠 수 있는 곤란함과 어려움에 대해서 미리 부정적인 감정을 가지는 류의 걱정이 있는가 하면 또 한편으로는 자신의 변화와 실천, 새로운 도전을 머뭇거리는 류의 걱정도 있다. 이것은 이제까지 정해져있던 틀, 자신이 안주해있던 공간 밖으로 나갈 때 생기는 '두려움 섞인 걱정'이다. 그런데 이러한 걱정은 해소하거나 사라져야 하는 것이 아니라 참고 견디며 극복해야 하는 종류이기도 하다. 만약 이런 류의 걱정이 해소되거나 사라진다는 사실은 곧 새로운 도전을 위한 노력을 그만둔다는 것을 의미하기 때문이다. 어른이 되기 위해서는 사춘기를 겪어야 하고, 때로는 더 나은 발전을 위해서 홍역을 치르듯 우리가 참으면서 이겨내고, 맞서서 제압해야 하는 걱정이기도 하다.

호랑이 '모하니'와 피라니아의 걱정과 두려움

미국 워싱턴 DC의 국립동물원에는 '모하니'라는 이름을 가진 호랑이가 있었다. 수년간 그곳에서 살았던 모하니는 가로 세로 4m의 좁은 쇠창살과 시멘트 바닥에서 지냈다. 하지만 그래도 '짐승의 제왕'이라는 호랑이가 그 좁은 공간 안에 갇혀 있는 것은 보기 좋지 않았다. 그래서 동물원 측에서는 잔디가 깔려있는 넓은 공간에 나무와 연못, 언덕을 만들어 놓고 모하니가 다시 야생의 기운으로 초원을 누비는 모습을 기대했다. 하지만 놀랍게도 모하니는 그 넓고 좋은 환경에서조차도 4m의 반경을 벗어나지 못하고 나머지 생을 잔디가 벗겨질 정도로 그곳만 오가며 지냈다고 한다.

비슷한 사례는 또 있다. 남아메리카 강에 사는 육식어인 피라니아의 이야기다. 이 물고기를 수조에 넣고 가운데를 유리판으로 막는다. 그리고 유리판 반대편에 먹을 것을 넣어주면 피라니아는 그 물고기들을 잡아먹기 위해 돌진하다가 어느덧 유리판에 부딪혀 고통을 느끼게 된다. 이렇게 수십 번을 하게 되면 그때부터는 유리판이 없어도 피라니아는 더 이상 물고기를 잡아먹기 위해 반대쪽으로 넘어가지 않게 된다.

변화, 발전, 도전은 우리가 너무도 많이 듣는 이야기들이다. 이것은 꼭 경영의 차원에서뿐만 아니라 개인과도 아주 밀접하게 연관이 되어 있다. 그런데 우리들은 의외로 이러한 것들에 무관심하거나 또는 의도적으로 거부하는 경우가 종종 있다. 머리로는 알고 있지만 가슴으로 받아들이지 못해 실천으로 이어지지 못하는 것이다. 바로 걱정 때문이다. 지금 내가 가지고 있는 틀을 깼을 때 생길 수 있는 불안과 두려움을 걱정하면서 현재에 안주하는 경향이 많기 때문이다. 따라서 이러한 걱정에 맞서기 보다는 회피하기를 원하고, 그래서 변화와 발전을 스스로 거부하게 되는 것이다.

호랑이 모하니와 피라니아도 마찬가지이다. 그들은 자신이 그간 겪어왔던 경험의 폭에서 모든 것을 생각하고 행동할 뿐이었다. 지금껏 그래왔던 것들이 앞으로도 그럴 것이라고 생각하며 자신의 영역을 확장하는 것을 두려워했다. 얼마든지, 그리고 충분히 새로운 자유가 있음에도 불구하고 그것을 스스로 거부하는 것이다.

걱정을 이겨내는 용기

수많은 전문가와 지식인들 역시 새로운 변화에는 반드시 걱정을 이겨내는 용기가 필요하고 또 그것이 없으면 아무것도 이루어질 수 없음을 말하고 있다.

〈영혼을 위한 닭고기 수프〉의 공저자인 알렌 코헨은 이렇게 이야기했다.

> "익숙하고 안정된 것처럼 보이는 것을 버리는 일이나 새로움을 포함하는 일은 많은 용기를 필요로 한다. 그러나 더 이상 의미가 있는 것 중에 진정한 안정이란 없다. 모험적이고 흥분되는 것에 더 많은 안정이 있다. 움직이는 것에 생명이 있고 변화하는 것에 힘이 있다."

세계적인 경영 컨설턴트인 톰 피터스 역시 이렇게 이야기했다.

> "일을 파괴할 용기가 없으면 대규모 일의 창조 역시 있을 수 없다. 이것이 내가 창조에 미친 이유이다. 창조를 통해 파괴하라. 그렇지 않으면 도태될 것이다."

걱정과 두려움을 이겨내는 용기, 그것이 바로 진짜 창조이자 안정이며, 생명이라는 이야기다. 변화를 앞둔 걱정은 이른바 '선행투자'라고 볼 수도 있다. 세상의 모든 일에는 투자가 필요하다. 공부는 미래의 더 나은 나를 위한 투자이고, 금융상품은 미래의 경제적인 안정에 대한 투자인 것이다. 이와 마찬가지로 변화에 대한 걱정은 새로운 미래를 위한 투자라고 할 수 있다. 걱정을 통해서 한걸음씩 나아갈 방법을 생각하고, 그 애매함을 참고 견디면서 새로운 환경에 적응을 하게 되는 것이다.

걱정에 물들지 않는 **연습**

'변화를 위한 걱정'을 돌파하는 법

STEP 1

'변화를 위한 걱정'을 대하는 자세는 딱 두 가지밖에 없다. 걱정에 압도당해 더 이상의 실천을 거부하거나, 걱정을 제압하고 스스로의 변화를 이끌어 내는 것이다.

STEP 2

이런 걱정을 이겨내는 방법은 특별하지 않다. 실천해보는 것, 안될 수도 있지만 그래도 다시 한 번 실천해보는 것이 유일한 방법이다. 그 과정을 통해서 무엇이 가능하고 불가능한지를 알아내고 더 나은 방법을 개발하는 것 뿐이다.

무엇인가를 실천하다보면 처음에 가졌던 걱정이 크게 작용하지 않는다는 것을 느끼는 경우가 많다. 당신이 한걸음씩 나아갈 때마다 과거의 걱정은 조금씩 무너져 내리고, 상황의 변화를 예측하고 그것에 대처하는 능력이 더욱 강해지기 때문이다.

우리가 걱정하는 이유, 그 걱정과 친구가 돼야 하는 이유

– 걱정의 원인을 알면 걱정을 줄일 수 있다

| PART 2 |

자신과 함께 할 수 있는 친구가 있다는 것은 언제든 즐거운 일이다. 친구가 되기 위해서는 서로를 '이해'하는 것이 필요하다. 이해는 상대가 왜 그렇게 생각하고 왜 그런 행동을 하는지에 대한 '원인'을 파악하는 것이다. '이해할 수 없는 사람'과는 친구가 될 수 없다. 이번 장에서는 걱정이 발생하는 여러 가지 원인과 그 해결책을 살펴보려고 한다. 그리고 걱정을 어떻게 친구로 만들 수 있는지, 왜 친구가 되어야하는지도 함께 살펴보려고 한다. 걱정을 알고 걱정과 친구가 되는 것은 평생 동안 걱정에서 벗어나기 힘든 우리들에게 아주 훌륭한 '걱정 대처법'이 될 수 있을 것이다.

'행복에 대한 강박'이 걱정과 불행을 초대한다

사람들은 살아가면서 여러 가지 강박증에 시달리곤 한다. 책임에 대한 강박, 청결에 대한 강박 등이 그것이다. 뭔가를 반드시 이뤄내야 한다는 압박감과 그렇지 않으면 심리적인 상처를 입는 것, 이것이 바로 우리를 괴롭히는 여러 가지 강박들이다. 물론 이러한 강박들이 우리에게 완전히 부정적인 영향만 미친다고 볼 수는 없다. 강박은 일종의 집요한 추구이고, 그것들이 전제되어야만 자신이 원하는 목표를 달성할 수 있기 때문이다. 단, 강박에 대한 추구가 너무 과도해지면 자기 자신은 물론이고 타인에게도 피해를 입히는 경우가 생기곤 한다. 그렇다면 행복이라는 것은 어떨까. 우리가 걱정이 없는 행복한 생활을 지나치게 추구하면 그것 역시 '행복에 대한 강박'이 될 수 있을까? 그렇다면 우리 일상에는 어떤 문제점이 생기는 걸까?

왜 행복에 대한 추구가 불행을 불러오는 것일까?

미국의 예일 대학교에서는 '행복이 불행을 불러들이는 유형'이라는 주제로 다른 대학들과 연합해서 공동연구를 한 적이 있었다. 행복과 불행에 대한 여러 가지 실험과 연구 중의 한 주제였다. 실험 결과 지나치게 행복을 기대하거나 혹은 모든 행위의 목적을 행복에 두었을 때에는 오히려 더 불행해질 수 있다는 결론을 얻었다. 행복에 대한 집착이 오히려 삶의 만족감을 떨어뜨린다는 이야기다. 어떻게 이런 일이 가능할까? 우리는 모두 행복하기 위해 살아가는 것이고, 또 대부분의 사람들이 행복을 목표로 힘든 일도 참아가며 노력을 한다. 그런데 행복에 대한 추구가 오히려 불행을 부른다는 점은 쉽게 이해할 수 없는 부분이다.

행복이 가지고 있는 특성을 자세히 살펴보면 이러한 결과가 얼마든지 가능하다. 예를 들어 성적향상이라든지, 혹은 승진에 대한 목표는 비교적 객관적인 평가가 가능한 일들이다. 20등을 하던 학생이 5등을 하면 15명을 앞지른 것이 되고, 대리였던 사람이 과장으로 승진하면 동년배들과의 경쟁에서 이긴 것이다. 또 승진을 하게 되면 월급의 상승과 업무환경의 변화라는 아주 구체적이고 정확한 변화를 눈으로 확인할 수 있다. 하지만 행복은 객관적인 평가가 불가능한 것이다. 행복이라는 것 자체가 무수한 스펙트럼을 가진 아주 특이한 형태의 존재이기 때문이다. 예를 들어 가족과 함께하는 소박한 밥상에서 행복을 느낄 수도 있지만 100평의 아파트에 살고 주말에는 요트를 타야 행복을 느낄 수도 있다. 행복의 레벨은 수없이 많고 다양한 층위를 가지고 있다. 그러다보니 '행복해지고 싶다'라는 욕구는 적절하게 제어가 되지 않고 끊임없이 상승하고자 하는 성향을 가지고 있다. A를 통해 행복을 느꼈으면 그 다음에는 B와 C를 통해서 행복해지고 싶고, 더 나아가 X, Y, Z까지 누리고 싶은 것이 행복이다.

결국 '행복에 대한 강박'이라는 말도 충분히 성립이 가능하다. '나는 왜 더 행복하지 않을까?'라는 생각을 하면서 행복에 집착하게 되면 오히려 우울을 낳고 불행을 가져올 수밖에 없다. 특히 행복이 물질적인 풍요로부터 비롯된다는 생각을 가지게 되면 이러한 우울과 불행은 더욱 심해지게 된다.

행복에 대한 강박의 극단적인 경우는 대중들로부터 인기를 얻어야만 살아갈 수 있는 스타들에게서 찾아볼 수 있다. 전문가들에 따르면 스타들은 '극단적인 감정습관' 때문에 보통 사람들보다 훨씬 빠르게 우울 상태로 진행될 수 있다. 무대 위에서 자극적인 쾌감을 느끼고 그것이 반복됨으로써 아예 감정적인 습관이 된다는 의미이다. 습관이란 말 그대로 그것이 충족되지 않으면 불안을 느끼는 상태를 의미한다. 술을 습관적으로 먹는 사람은 술을 먹지 않으면 불안하고 담배를 습관적으로 피우는 사람은 담배를 피우지 않으면 불안해진다. 스타들도 마찬가지로 무대 위에서 느낀 극도의 쾌감이 습관처럼 굳어져서 그러한 일이 더 이상 발생하지 않으면 불안해지고 그 불안이 장기화되면 우울로 발전하게 된다. 결국 대중의 인기와 행복감에 대한 강박이 정반대의 결과를 경험하게 만드는 것이다. 사람들에게 인기를 얻지 못해도 전혀 우울하지 않은 사람이 대다수라는 점에서 스타들의 '극단적인 감정습관'은 바로 행복이 가진 다양한 스펙트럼을 보여주고 있는 것이기도 하다. 그렇다면 우리는 행복을 강박으로 만들지 않기 위해 행복에 대한 욕구를 줄여야 하는 것일까?

기준이 없을 때 생기기 시작하는 강박

인간의 특정한 행위가 강박이 되는 것은 명확한 기준이 없을 때이다. 완벽이나 책임에 대한 것이 가장 적절한 사례가 된다. '완벽에 대한 기준'이 없는 상태에서 완벽을 추구했을 때에 강박이 되고 '책임에 대한 기준'이 없는 상태에서 책임을 추구할 때에 그것이 강박이 되는 것이다. 행복도 마찬가지이다. 특정한 기준 없이 막연하게 행복을 추구하면 만족을 느끼지 못하고 무한한 행복을 향해 상승하고 싶어진다. 그리고 그 순간이 바로 '행복이 강박이 되는 시점'이라고 할 수 있다.

따라서 우리에게 필요한 것은 '행복에 대한 기준'이다. 자신의 상황과 미래의 비전을 종합했을 때 어느 정도가 만족할 수 있는 수준인지를 스스로 정해야 한다. 막연하게 '걱정에서 벗어나 행복해지고 싶다'는 지향점만 가지면 그것이 오히려 걱정과 불행을 불러올 뿐이다.

자신의 행복에 대한 아주 구체적인 목표를 세우고 그것을 추구하는 과정에서 행복의 수위를 스스로 조절할 수 있는 능력이 있어야 한다. 사람들은 대개 자신이 원하는 목표를 성취했을 때 행복감이 증폭된다. 그런 점에서 올해와 상반기의 목표, 이달과 이주의 목표를 각각 정해놓는 것이 좋다. 그러한 상태에서 자신이 어떠한 행복을 느낄 수 있는지, 그리고 목표를 이룬 다음에는 또 어떤 행복을 위해서 어떻게 노력을 할 것인지를 정하는 것이다. 자신이 원하는 행복의 수위를 정하고, 시간이 흐름에 따라 조금씩 행복감을 높여가는 것이 행복을 강박으로 만들지 않는 방법이다. 하지만 이러한 방법이 꽤 낯설게 느껴질 수도 있다. 다수의 사람들은 이제까지 살면서 행복의 목표치를 정해본 적도 없고, 그것을 조절해본 적도 없기 때문이다. 하지만 일반적으로 우리는 우리가 원하는 대부분의 것을 콘트롤 하길 원한다. 어떤 사람이 되고 싶은지, 어디에서 살고 싶은지, 심지어는 오늘 점심으로 무엇을 먹을지까지도 스스로 결정하고 제어하고 싶어한다. 그런데 삶의 가장 크고 위대한 목표인 행복에 대해서는 제어를 하지 않고, 심지어 제어를 할 생각조차 못하는 경우가 허다하다. 행복은 그저 '주어지는 것'일 뿐이고 때때로 '느껴지는 것'이라는 수동적인 형태로 생각하기 때문이다. 하지만 진정 행복을 원하고 자신에게 순간순간 주어지는 걱정과 멀어지기 위해서는 행복의 구체적인 기준과 명확한 목표를 정하는 것이 매우 중요하다.

한 가지 오해하지 말아야할 것은 행복에 대한 기준을 정한다는 것이 '현실에 만족하며 살라'거나 '적당한 행복에서 멈출 줄 알아야 한다'는 의미는 아니다. 그것은 행복을 포기하고 현재의 상황을 무조건 행복으로 받아들이라는 강요와 다름없기 때문이다. 더군다나 사람은 스스로가 지속적으로 발전하고 있다는 생각이 들어야 행복과 만족감을 느낄 수 있는 법이다. 지난해와 올해가 똑같고, 내년도 올해와 같을 것이라고 여겨진다면 이는 행복과 거리가 멀다. 따라서 행복의 기준은 불행을 유발시키는 강박이 되지 않을 적절한 수준에서 스스로 발전시켜 나갈 수 있는 구체적인 계획을 점점 더 확고하게 세운다는 것을 의미한다.

행복은 우리 삶에서 중요하고 소중한 것이기에 우리는 끊임없이 행복하기 위해 노력해야 한다. 바로 이러한 과정에서 당신에게 생길 수 있는 여러 가지 불안과 걱정도 동시에 조절할 수 있을 것이다.

걱정에 물들지 않는 **연습**

⋮

행복의 기준을 어떻게 정할 것인가?

STEP 1

행복의 기준을 정하기 위해서는 우선 자신이 어떨 때 행복한지를 알아야 한다. 이제껏 살아오면서 행복했을 때를 떠올려 보라. 그리고 어떻게 하면 일상속에서 그런 행복을 이끌어 낼 수 있는지를 생각해보라.

STEP 2

'노력으로 되지 않는 것'도 있음을 인정해야 한다. 당신의 노력이 무의미하다는 의미가 아니다. 당신이 할 수 있는 일이 있고, 그렇지 않은 일도 있다는 것이다. 할 수 없는 일에 대해서는 아무리 노력해봐야 그것은 손에 잡을 수 없는 신기루와 같을 뿐이다.

STEP 3

위의 두 가지를 염두에 두면서 '어느 정도의 상태가 만족할 만한 행복'인지를 결정해보자. 기준이 없는 행복의 추구는 그저 자신과 타인에게 피해를 입히는 강박에 불과하기 때문이다.

마지막으로 점점 발전해나가고 싶은 미래의 상을 확고히 해보라. 이렇게 하면 지금의 행복과 미래의 기대감이 함께 어우러지는 균형적인 상태를 만들어 낼 수 있을 것이다.

긍정적인 생각이
만들어내는
걱정의 악순환

사람은 누구나 자신이 원하는 방향으로 상황을 이끌어가고 싶어한다. 만약 주어진 상황이 나의 의도대로 흘러가지 않으면 서서히 불안감과 걱정이 가중되기 시작한다. 자신이 원하는 방향으로 흘러가지 않을까 봐, 그리고 결과가 자신에게 피해를 입힐까봐 두려워지기 시작하는 것이다. 하지만 불안은 불안을 부르고 그 불안은 더 큰 불안을 낳는다.

이러한 악순환은 내면의 평정심과 용기를 빼앗아가고 우리를 급격하게 침몰시킨다. 그리고 한번 침몰된 마음 상태는 쉽게 회복되지 않는다. 이러한 악순환을 끊을 수 있는 방법은 없을까? 서서히 자라는 불안을 어느 순간 긍정으로 바꿀 수 있는 방법은 없을까?

불안의 악순환을 긍정으로 바꾸는 방법에 대해 구체적으로 알아보기 전에 우선 왜 '불안의 악순환'이 시작되는지부터 살펴볼 필요가 있다. 이는 동시에 우리가 왜 불안의 악순환을 끊어야 하는지에 대한 명확한 이유도 함께 알려줄 것이기 때문이다.

우리는 일반적으로 걱정을 하거나 불안해하는 사람들에게 '긍정적으로 생각해', '좋은 일이 생길거야', '낙천적으로 생각해봐'라는 말을 하곤 한다. 그리고 이러한 말들이 상대방에게 조금이라도 도움이 될 것이라는 기대를 한다. 하지만 과학적인 면에서 봤을 때 이는 그리 의미 있는 것은 아니다.

미국 미시건 주립대학 심리학자의 한 실험에 의하면 사실 이러한 말들은 전혀 소용이 없는 것으로 나타났다. 당시 실험에서 특정한 상황에 대한 해석과 그에 따른 혈류 반응을 살펴본 결과 아래와 같은 결론이 도출이 됐다.

"현재 걱정, 우울 등 비관적이고 부정적인 감정을 가지고 있는 사람들에게 억지로 긍정적인 감정을 주입하려고 노력한 결과 오히려 부정적인 감정을 악화시켰다."

당시 연구 책임자인 제이슨 모저는 이렇게 말했다.

"걱정이 많은 친구들에게 '적극적으로 생각해', '걱정 마', '힘 내'라고 말하는 것은 아무런 도움이 되지 않는다. 그것보다 는 다른 문제를 생각하게 하거나 다른 전략을 세우는 것은 어떠냐고 물어보거나 혹은 전혀 다른 접근 방법을 함께 생 각해보는 편이 더 도움이 될 수 있을 것이다."

걱정과 불안의 악순환은 바로 이렇게 이뤄지게 된다. 이미 부정적인 생각에 빠진 사람은 스스로 그것을 반전시킬 힘이 현저하게 약화되어 있을 뿐만 아니라 주변에서 긍정적인 말을 하더라도 오히려 더 부정적으로 변하게 된다. 이는 공부에 아무런 재미도 느끼지 못하는 학생에게 끊임없이 공부하라고 잔소리를 퍼붓는 것과 마찬가지다. 학생은 그렇지 않아도 싫은 공부 때문에 또다시 자신이 비난의 대상이 되고 있다는 점에서 공부를 더욱 싫어할 수밖에 없다. 부정적인 생각을 가지고 있는 사람에게 긍정적인 생각을 억지로 주입하려는 것과 마찬가지다. 따라서 우리에게는 이런 걱정과 불안의 악순환에서 빠져나올 수 있는 보다 적극적인 에너지가 필요하다.

상황은 어떻게든 흘러가게 마련이다

태평양 전쟁 당시, 일부 참전국 엘리트층 사이에서는 '될 대로 되라'라는 말이 유행했었다고 한다. 전쟁이라는 통제할 수 없는 거대한 상황에서 자신의 힘으로 할 수 있는 것이 그리 많지 않다는 사실을 깨달았기 때문이다. 그들은 이 말을 체념과 포기의 의미로 사용했다. 하지만 그들의 태도는 오히려 미래에 있을 수 있는 '예비공포'를 막는 역할을 하기도 했다. 전쟁이라는 말만 들어도 사람들은 공포를 느끼게 마련이다. 인간이 상상할 수 있는 최악의 상황을 가정하고 떠올리며 더 큰 공포를 느끼는 것이다. 한마디로 '공포의 블랙홀'을 만들어내고 스스로 그것에 빠져버리는 상황이 연출된다.

이러한 상황에서 그들의 '될 대로 되라'라는 태도는 예비 공포를 차단하고 상황을 예의주시할 수 있도록 만들어 주었으며, 어느 정도의 안정감을 줄 수 있었다. 만약 이러한 말들마저 없었다면 그들은 극도의 스트레스를 견디기 힘들었을 것이다. '될 대로 되라'라는 말과 한 쌍을 이루는 말이 바로 '어떻게든 상황은 흘러간다'라는 말이다. 될 대로 될 것이라고 생각하고 일을 하다보면 그것이 어떻게든 결과를 만들어내게 된다. 마치 자신이 모든 것을 통제하지 않으면 아무 것도 되지 않을 것 같다는 생각이 들었지만, 어느 순간 시간이 지나고 보면 자신이 통제하지 않아도 뭔가가 이뤄져 있거나 이미 조성되어 있는 결과를 상황이 스스로 만들어내는 것이다.

'될 대로 되라-어떻게든 상황은 흘러간다'라는 두 가지 생각과 자세는 모든 것을 통제하고 싶다는 사람들의 기본적인 욕구에 어느 정도 브레이크를 걸어주는 역할을 한다. 이제까지 살면서 모든 것이 자신의 계획대로 된 적은 그리 많지 않을 것이다. 계획은 언제나 철저하게 세워도 전혀 생각하지 못했던 변수가 다반사로 일어나기도 한다. 그로 인해 생각지 못했던 장애가 생기거나, 혹은 아주 좋은 발전의 기회가 오기도 한다. 그래서 생겨난 말이 '인간은 계획을 하지만 신은 그것을 비웃는다'라는 격언이다. 이 말은 신이 인간의 계획을 하찮게 여긴다는 뜻이 아니다. 그만큼 현실의 풍부한 변화와 발전은 사람들이 상상하기 힘들다는 말이다.

우리의 계획이 예상을 빗나갈 때 그것이 꼭 부정적인 방향으로만 흐르라는 법은 없다. 전화위복이라는 말도 있듯이, 안 좋은 듯 보였지만 오히려 좋은 방향으로 개선되어 나갈 수도 있다. 예상을 뛰어 넘는 좋은 결과가 나올 수 있다는 이야기다. 많은 사람들이 이를 두고 '운이 좋았다'라고 말하지만, 운이라는 것도 결국에는 그간의 실력과 노력이 반영된다는 점에서 '계획에 없었던 긍정적인 변수'를 얼마든지 기대해볼 수 있다. 다만 '될 대로 되라'에서 제일 중요한 것은 스스로의 노력을 중단해서는 안 된다는 점이다. 노력하지 않는 자가 '될 대로 되라'라고 말하는 것은 이것도 저것도 아닌 단순한 '체념과 포기'에 불과할 뿐이다.

'될 대로 되라-어떻게든 상황은 흘러간다'의 핵심은 노력하고 준비하되 결과까지 통제하려고 해서는 안 된다는 점이다. 우리의 의지가 노력을 결정할 수는 있어도 결과까지 결정하기는 힘들기 때문이다. 차라리 '하늘의 뜻'이라고 생각하는 것이 더 나을 때도 있다. 인간이 할 수 있는 최대한의 노력을 기울인 다음에는 마음 편하게 기다리는 것이 좋은 방법이다. 그렇지 않고 끝까지 모든 상황을 자신이 통제하려고 한다면 결국 남는 것은 계속되는 걱정의 악순환일 뿐이다.

교세라 창업주가 말한 '하늘의 뜻'

일본의 첨단 부품 전문업체인 교세라의 창업주 이나모리 가즈오는 바로 이러한 태도를 가지고 있었다. 창업 후 10년이 지난 당시 가즈오는 미국 IBM과 부품 계약을 맺었다. 며칠 간 밤샘 작업을 통해 20만개의 부품을 실어서 미국으로 보냈지만 결과는 참담했다. 모든 제품이 불량으로 판정되었기 때문이다. 모두가 실의에 빠져있을 때 가즈오는 이렇게 이야기했다.

"이제 남은 것은 '하늘의 뜻' 뿐이라고 말할 수 있을 정도로
마지막까지 최선을 다해봅시다."

그렇게 해서 가즈오와 전 직원들은 다시 일치단결하여 제품을 만들었고, 제품을 발송한 뒤에는 모든 것을 '하늘의 뜻'에 맡겼다고 한다.

사람이 할 수 있는 모든 노력을 기울인 다음에는 편안히 그 결과를 기다리는 것도 '될 대로 되라'는 말의 의미이기도 하다.

무엇보다 이러한 자세가 좋은 것은 우리가 그 말을 외치기만 해도 어느 정도 마음의 위안과 평화가 찾아온다는 점이다. 자신이 도저히 통제할 수 없거나, 아무리 걱정해봐야 소용이 없다는 것을 알고 있을 때는 '될 대로 되겠지. 지금보다 훨씬 더 좋아질 수도 있잖아?'라고 마음속으로 외쳐보면 한결 편안함을 느낄 수 있을 것이다. 노력은 하되, 결과에 대해서 낙관하는 것, 이것이 바로 걱정에서 멀어질 수 있는 아주 유용한 방법 중의 하나다.

뿐만 아니라 '될 대로 되라-어떻게든 상황은 흘러간다'라는 자세가 성공의 가능성을 높여주는 역할을 할 때가 있다. 자신의 에너지와 시간을 쓸데없는 예비 공포에 쏟아 붓지 않기 때문에 더욱 자신감 있게 일을 추진할 수 있고 집중력도 향상되기 때문이다. 걱정과 불안 속에서 일을 진행하는 사람과 자신감 있고 당당하게 일을 진행하는 사람, 과연 그 둘 중에 누가 성공의 가능성이 높은지는 그리 오랜 시간 생각하지 않아도 알 수 있기 때문이다.

마음을 내려놓는 것은 극도의 긴장과 흥분, 걱정으로부터 우리를 한 순간에 해방시켜주는 역할을 하기도 한다. 해방감은 우리의 몸과 마음을 편하게 해줌으로써 '넥스트 스텝'을 밟아 나가는데 도움을 준다. 우리의 육체에게 휴식이 필요하듯이, 우리의 마음에도 휴식이 필요하다. 그럴 때 우리를 위로하는 마법과도 같은 말 한마디가 바로 '될 대로 되라-어떻게든 상황은 흘러간다'는 주문일 것이다.

걱정에 물들지 않는 **연습**

:

마음의 짐을 더는 방법

STEP 1

일이 애초의 계획에서 벗어나 훨씬 부정적으로 흘러간 경우도 있지만, 또 어떤 때에는 생각지도 못했던 상황의 변화가 오히려 긍정적으로 작용한 적도 있을 것이다.

STEP 2

될 대로 되라는 편안한 마음을 가져보자. 현실은 결코 당신이 생각한데로만 흘러가지는 않는다. 스스로에게 혼잣말을 하거나 아니면 방에서 나직이 외쳐보라. 분명 마음에는 무거웠던 짐이 덜어지고 한결 가벼운 상태가 될 수 있을 것이다.

때로는 자신의 운명을 '하늘의 뜻'에 맡기는 것도 좋은 방법이다. 그것이 너무 추상적으로 보일 수는 있지만, 지금까지 그래왔던 것처럼 사람의 의도가 모든 것을 결정짓지는 못한다. 열심히 노력했다면, 그리고 앞으로도 노력을 게을리 할 생각이 전혀 없다면 때로는 스스로를 한 순간 해방시키며 휴식을 취하는 것도 방법일 것이다.

완벽주의가
만들어내는
심리적 함정

우리는 일반적으로 '완벽주의'를 긍정적으로 생각한다. 실수 없이 원래 생각한대로 일이 진행되는 것을 좋게 여기기 때문이다. 사소한 실수로 인해 일이 망가진다면 자신에게도, 타인들에게도 긍정적인 영향을 미치지 못하는 것이 사실이다. 그런데 이 완벽이라는 것이 생각보다 쉽게 이루어지지 않는다. 완벽을 기한다는 것은 모든 일에서 발생할 가능성이 있는 변수를 거의 100%에 가깝게 관리하고 제어한다는 말이다. 하지만 이 말 자체가 이미 논리적인 모순에 가깝다. 변수는 결코 예상하기 힘든 '변수' 그 자체이기 때문에 그에 대한 관리나 제어가 불가능하다. 완벽주의적 성향을 가진 사람들의 걱정은 바로 여기에서부터 시작된다.

일상에서 완벽을 추구하는 사람들이 가지고 있는 가장 큰 특징 중의 하나는 실수를 전혀 용납하지 못한다는 점이다. 실수가 생겼을 때 보여지는 신경질적인 반응은 보통 사람들의 수준을 넘어서는 경우가 대부분이다. 그들이 하는 여러 가지 행동은 실수를 만들지 않기 위한 것이며, 동시에 그들의 마음속에는 '실수를 하면 안 돼'라는 강한 강박이 도사리고 있다. 문제는 이러한 심리적인 과정 속에서 마음 한편으로는 주어진 상황에 대한 걱정을 계속 하게 된다는 점이다. '전혀 생각하지 못했던 일이 발생하면 어떻게 하지?', '그 사람이 나의 말에 설득되지 않으면 어떻게 하지?', 혹은 '내가 원했던 성과가 달성되지 않으면 어떻게 하지?'와 같은 걱정이 꼬리에 꼬리를 물고 발생하다 보면 완벽주의는 걱정을 부르는 부정적인 자기습관이 된다.

그러나 완벽주의가 걱정만 유발시키는 것은 아니다. 아이러니하게도 그들은 장기적으로 완벽하지 못할 가능성이 높기 때문이다. 하버드 대학에서 오랜 기간 동안 긍정 심리학을 강의하고 있는 샤하르 교수는 이렇게 말한다.

"완벽주의자들은 결코 행복해질 수 없으며, 단기적으로는 탁월한 성과를 보일 수도 있지만 장기적인 성과는 하락할 위험이 있다. … 또한 완벽주의자는 두려움과 걱정에 의해 움직

인다. 넘어지거나 이탈하거나 비틀거리거나 실수하지 않으려
고 전전긍긍한다."

어떤 일을 하는데 있어서 부정적인 심리가 자신을 장악하고 있다
면 과연 그 사람은 일을 훌륭하게 이끌어 갈 수 있을까? 두려움이 행
동의 원인이 되고 걱정에 둘러싸여 있는 상태에서 실수없이 완벽에
다다를 수 있을까?

완벽주의자들은 겉으로는 완전한 상태를 추구하고, 책임감이 강하
며 실수를 용납하지 않는 카리스마가 있어 보일지 모르지만, 내면적
으로는 끊임없이 불안과 걱정에 휩싸여 있다. 게다가 그러한 불안과
걱정 때문에 새로운 것을 시도하지 못하는 성향도 강하다. '스스로 성
공확률이 100%에 가깝다'고 확신하지 않는 한 새로운 변화를 꾀하지
못하는 것이다. 자신이 실수했을 때의 상황이 두렵고 걱정되기 때문이
다.

완벽주의 때문에 잃고 있는 것들

완벽주의자는 겉으로는 '일에 완벽을 추구하는 사람'처럼 보이지만,
심리의 근원에는 독단적인 성격을 가지고 있을 가능성이 높다. 오로
지 자신의 생각을 지나치게 확신하고, 그것만이 옳다고 믿으며, '내가

생각하는 방식대로 일이 진행되지 않으면 안 돼'라고 정하는 것이 외형적으로는 '일에 대한 무결점의 완벽주의'로 보여진다는 이야기다. 그의 생각이 정말로 옳다면 문제의 소지가 다소 줄어들겠지만, 그렇지 않다면 오히려 스스로 문제를 만들고 그것을 풀어내지 못해 끙끙거리는 상태라고 할 수도 있다. 이러한 독단은 주변 사람들과의 자연스러운 소통을 막고 외로움과 고립을 자초하는 경우도 있으며, 타인과의 결속을 막아 인간관계에 대한 새로운 걱정을 유발할 수도 있다.

다양한 면을 종합해보면 완벽주의적 성향에서 벗어나지 못하면 걱정에서도 벗어나지 못하고 결국 스스로 삶의 질을 떨어뜨리게 된다. 그렇다면 완벽주의에서 벗어날 수 있는 방법에는 어떤 것이 있을까?

학자들은 사람들이 갖는 여러 가지 강박증 가운데 완벽주의가 가장 고치기 힘든 것이라 말한다. 완벽함을 추구하는 것에 대해 스스로 자부심을 가지고 있기 때문이다. 하니웰 인터내셔널의 수석 부사장이었던 데이비드 도트리치는 이런 말을 한 적이 있다.

"완벽주의의 함정에 빠진 사람들은 자신들의 완벽주의를 자랑스러워하는 경향이 있기 때문에 완벽주의의 함정에서 벗어나기 어렵다."

그들에게 '그렇게까지 할 필요가 있느냐', 혹은 '좀 더 여유를 가지고 상황을 바라보라'는 조언은 사실 아무런 의미가 없다. 완벽주의자들은 매사에 완벽을 추구하지 않는 것을 더 이상하게 바라보기 때문이다. 완벽주의에서 벗어나기 위해서는 완벽을 통해서 뭔가를 잃고 있다는 사실을 인식하는 것이 가장 중요하다. 그들은 자신이 추구하는 완벽을 통해서 많은 것을 얻고 있다고 생각하지만 사실은 정반대라는 이야기다. 그렇다면 완벽주의자들은 자신의 완벽추구로 인해서 무엇을 잃고 있을까?

첫 번째는 뭔가 새롭게 배울 수 있는 좋은 기회를 놓치고 있다고 할 수 있다. 사람은 누구나 실수로 인해서 더 많은 것을 배우고 그것을 통해서 스스로를 발전시킨다. 하지만 이미 굳어져버린 자신만의 생각을 고집하는 완벽주의자들은 이렇게 뭔가 새롭게 배울 수 있는 기회를 잃고 있다고 볼 수 있다.

두 번째로 그들이 잃고 있는 것은 상황에 대한 다양한 관점이다. 동일한 사건도 수없이 많은 방식으로 해석이 가능하지만, 완벽주의자들은 자신의 기준으로만 해석하고, 그것에 갇혀 빠져나오지 못하는 경우가 대부분이다. 따라서 그들은 새로운 시도를 하지 못하는 경우가 많다. '완벽하지 않을 수' 있기 때문이다.

세 번째로 주변의 사람을 잃을 가능성도 높다. 친구라면, 혹은 지인이라면 가끔씩 조언도 하고 충고도 하기 마련인데, 완벽주의자들이 그런 것을 받아들이기 쉽지 않다. 그렇기 때문에 친구나 지인들도 보다 가까이 그들에게 다가가지 못하고 그러다보면 하나 둘씩 주변 사람들이 완벽주의자들의 곁을 떠날 수도 있는 것이다.

마지막으로 그들이 잃고 있는 가장 중요한 것은 세상에 둘도 없는 자신의 시간과 한정된 자원이다. 그들의 의도대로 완벽을 추구하기 위해서는 당연히 많은 시간이 필요하고 자신의 능력이나 돈 등의 한정된 자원도 더 많이 소모될 수밖에 없다. 완벽하지 않아도 되는 것에 완벽을 추구하는 바람에 결국 중요한 자신의 시간과 자원을 낭비하게 된다는 이야기다.

그러나 무엇보다도 중요한 점은 바로 완벽주의를 포기함으로써 걱정으로부터도 다소간 멀어질 수 있다는 것이다. 앞으로도 생길 수 있는 자신의 실수에 너그럽고, 스스로를 용서할 수 있다면 늘 불안과 걱정을 마음속에 지니고 다닐 필요가 없어지기 때문이다.

걱정에 물들지 않는 **연습**

⋮

완벽주의에서 벗어나기

STEP 1

혹시 당신이 '완벽주의자'라면 그것을 자랑스러워하고 있는 것은 아닌가를 무엇보다 먼저 확인해봐야 한다. 자신의 완벽주의를 자랑스러워하는 단계, 그리고 완벽하지 않은 사람들에 대한 약간의 경멸이라도 있다면 지금 당장 그 완벽주의를 버리기 위한 노력을 시작해야 한다.

STEP 2

실제로 완벽주의로 얻는 것보다는 잃는 것이 더 많다는 사실을 기억해야 한다. 뭔가를 새롭게 배울 수 있는 기회, 창의성을 불러오는 다양한 해석, 친구 및 지인들과의 친밀한 관계로부터 당신이 멀어지고 있음을 알아야 한다.

완벽주의자에게 가장 필요한 것은 자기용서다. 실수해도 괜찮다는 것, 한번쯤 일이 잘못된다고 하더라도 기나긴 인생에 미치는 영향은 그리 많지 않다는 사실을 인식하고 너그럽게 자신을 용서할 필요가 있다.

타인의 관점으로 인해 생기는 걱정과 두려움

인간이 사회적 동물이라는 점은 상당히 안도감을 주는 말이다. 사람들과 함께 어울려 살아가면서 외로움을 달랠 수도 있고, 또 서로 도움을 주고받을 수 있다는 의미이기 때문이다. 그러나 사회적 동물로 살아가는데 있어서 단점이 있는 것도 사실이다. 끊임없이 타인의 관점과 시선을 염두에 두어야 하고 그것을 걱정하거나 그에 대한 두려움에 사로잡힌다는 점이다. 특히 자존감이 다소 떨어지거나 열등감을 느끼는 사람의 경우에는 타인의 관점에 대해 더욱 많은 걱정을 하곤 한다. 그래서 어떤 행동을 하든, 또는 어떤 말을 하든 늘 타인의 관점을 염두에 두고 과연 자신이 잘하고 있는지를 계속해서 신경 쓰게 된다. 그렇다면 타인의 시선으로 인한 걱정거리에서 벗어날 수 있는 방법은 어떤 것이 있을까?

타인의 시선이 나의 삶에 미치는 영향

타인의 관점에 대해 걱정을 하는 사람들이 느끼는 커다란 불안 요소 중의 하나는 바로 '다른 사람이 나를 어떻게 생각할까?'이다. '자신이 생각하는 자신의 모습'보다는 오히려 '다른 사람이 생각하는 자신의 모습'을 더욱 중요시 한다는 것이다. 이에 대해 어떤 사람들은 '뭘 그런 걸 신경 써?'라며 가볍게 넘겨버리지만 어떤 이들에게는 이러한 문제들이 마음의 평화와 안정을 좌우하는 아주 중요한 요소가 되기도 한다. 특히 우리는 끊임없이 주변 사람들과 어울려 살아가야 하기 때문에 이러한 걱정거리를 한번 가지기 시작하면 좀처럼 헤어 나오기 어렵다. 알베르트 아인슈타인은 '다른 사람의 견해에 지나치게 집중하려는 욕구는 창살 없는 감옥이다'라고 말하기도 했다. 타인이 만들어낸 감옥, 그들이 나 자신을 어떻게 보는가에 대한 걱정과 두려움은 스스로 감옥에 들어가서 사는 것과 마찬가지라는 의미이다. 이러한 걱정과 두려움은 단순히 마음에만 상처를 주는 것이 아니라 실제 자신의 인생에도 큰 영향을 주는 것이 사실이다.

세계 2차 대전 이후 양자물리학 분야에서 촉망받던 휴 에버렛이라는 젊은 과학자가 있었다. 그는 번뜩이는 아이디어와 천재적인 직관을 통해 '다중우주이론'을 발표했다. '우리가 내리는 모든 결정에 따라서 현실에 대응하는 새로운 우주가 지속적으로 분할되어 진행된다'는 것이다. 일반적으로는 쉽게 이해되지 않는 내용이기는 하지만, 휴 에버렛은 확신을 가지고 저명한 과학자를 만나 자신의 이론에 대해 설명하려고 했다. 그는 양자물리학 분야의 최고 학자로 알려진 닐스 보어를 만나 이 학설을 설명했지만 상대의 반응은 그저 차가웠을 뿐이다. 더 나아가 닐스 보어는 오히려 휴 에버렛의 이론이 자칫하면 잘못된 편견을 생기게 할 수도 있음을 경계했다. 닐스 보어의 견해와 태도에 당황한 휴 헤버렛은 29세의 젊은 나이에 학문을 포기하고 말았다. 그 후 그는 평범한 직장인으로 살아가다 결국 50세 초반의 젊은 나이에 병으로 죽고 말았다.

놀라운 사실은 수십년이 지난 다음부터 시작됐다. 휴 에버렛이 주장한 다중우주이론은 양자물리학에서 아주 유용한 이론으로 대접받고 있을 뿐만 아니라 과학전문지들은 휴 에버렛을 '20세기에서 가장 중요한 과학자'로 칭송하고 있다는 점이다. 만약 그가 '최고 전문가'라는 사람들의 말에 휘둘리지 않았더라면 어땠을까? 그가 타인의 시선과 관점을 신경 쓰지 않고 '그래도 혹시 내가 옳을지도 몰라'라고 생각하면서 연구를 지속했으면 어땠을까. 천재적이고 위대한 과학자였던 그는 결국 타인의 관점이라는 감옥에 갇혀 자신의 재능을 잃어버리고 그저 평범한 샐러리맨으로 살다가 생을 마감하고 말았다.

하지만 정반대로 타인의 관점에 대해 전혀 걱정을 하지 않거나 열등감을 갖지 않음으로써 성공적인 삶을 살았던 사람도 있다. 영국 역사상 최초이자 '위대한 리더'로 칭송받는 마거릿 대처가 바로 그 주인공이다. 그녀는 대학 졸업 후 수차례 입사 시험을 치렀다. 그런데 그중 한 면접 평가표에 이렇게 써있었다.

> "학업성적은 매우 우수. 그러나 지나치게 자신의 주장과 개성이 강해서 타인들과의 협동 능력이 현저하게 부족함. 회사 생활에 적절치 않은 것으로 보임."

하지만 '지나치게' 강한 주장과 개성, 그리고 부족한 협동심을 가졌던 마거릿 대처는 훗날 위대한 국가 지도자가 될 수 있었다. 그녀가 그런 평가를 받았던 것은 그 회사의 담당자에게만은 아니었을 것이다. 수많은 교우 관계, 학교 선생님들에게서도 비슷한 지적을 받았을 가능성이 높다. 그러나 그녀는 그런 것에는 전혀 개의치 않고 자신만의 길을 걸어갔다.

만약 그녀가 타인들의 관점에 갇혔더라면 어땠을까. 그녀의 '자기주장이 강한 성격'은 '강한 리더십'으로 자라지 못했을 것이고, '부족한 협동심'은 '독보적인 카리스마'로 발전하지 못했을 것이다.

어떻게 보면 타인의 관점과 평가는 그저 '상대방의 기준과 해석'일 뿐이다. 그들의 기준과 해석이 반드시 옳다는 증거는 어디에도 없으며, 오히려 당신의 능력을 전혀 헤아리지 못하는 '낮은 수준의 기준과 해석'일 가능성도 높다. 이러한 상황에서 당신이 타인의 의견과 시선을 일방적으로 믿을 이유나 근거가 전혀 없는 것이다. 대처의 경우에도 언급했지만 언뜻 보면 그것이 '부족한 협동심'일 수는 있어도 경우에 따라서 '강한 카리스마의 씨앗'이 되기도 한다. 타인의 평가와 해석은 편의적이고 자기중심적인 경우가 대부분이기 때문이다.

마르쿠스 아우렐리우스는 '명상록'에서 이렇게 이야기했다.

"누구보다 자기 자신을 사랑하는 인간이 어찌하여 스스로에 대해서는 자신의 의견보다 남의 의견을 더 존중하는 걸까? 남이 나를 어떻게 생각하는지가 나 자신의 생각보다 더 중요하단 말인가?"

결국 타인의 관점에 좌우되는 사람은 자기 확신이 부족한 경우가 대부분이라고 할 수 있다. 스스로의 의견을 중요하게 여겨야 하는 상황에서도 타인의 의견에 더욱 많은 비중을 두기 때문이다. 물론 이러한 자기 확신의 부족은 어린 시절과 청소년기의 경험에 의해 형성되는 것이지만 성인이 된 후에라도 고칠 수 없는 힘든 문제는 아니다. 자신이 좋아하는 것, 원하는 것을 강렬하게 추구해도 문제가 없음을 알고 실천해 나간다면 점차 자기 확신이 높아지고 스스로의 단독적인 결정이 옳다고 믿게 되기 때문이다. 더 나아가 지금 당신에게 걱정되는 '타인의 시선'이 있다면 오히려 그것을 제압할 수 있는 또 다른 자신만의 기준과 판단력을 길러보는 것은 어떨까. 무작정 타인의 생각에 좌우되는 것이 아니라 그들의 생각이 가지고 있는 장점과 단점을 분석하고 그것을 통해 오히려 자신의 기준과 판단력을 더욱 높여 나가는 것이다.

걱정에 물들지 않는 **연습**

타인의 관점에 휘둘리지 않기 위해서

STEP 1

우리는 살아가면서 타인의 관점을 완전히 무시할 수는 없다. 사람들과 어울려 살아가기 위해서는 때로 타인의 의견에 귀 기울이면서 그것을 자신의 삶에 반영해야 할 때도 있기 때문이다. 하지만 문제는 '일방성'이다. 타인의 관점이 일방적으로 나를 지배하기 시작할 때에는 문제가 생기기 시작한다는 의미다.

STEP 2

타인의 관점에 사로잡힌다면 스스로 인생의 길도 제대로 개척해나가지 못한다는 점을 명심해야 한다. 왜냐하면 타인의 기준에 맞춰 자신의 욕구, 희망, 즐거움을 무시한 채 늘 소극적인 삶을 살아나가야 하기 때문이다.

❖

자신을 믿고 원하는 것을 해보자. 비록 타인이 뭐라고 하더라도 그것에 전혀 개의치 않는 자신을 만나보자. 어떤 이는 이렇게 말했다. '다른 사람의 비판을 피하려면 아무 행동도 하지 말고 어떤 말도 하지 말아야 하며, 그 어떤 존재도 되어서는 안 된다.' 그러니 이제 보다 적극적이고 당당한 '나'를 위한 삶을 살아가는 것은 어떨까?

끝없는 YES가 걱정을 쌓이게 한다

우리에게 많은 걱정과 고민거리를 안겨주는 또 하나는 바로 인간관계이다. 직장인들에게 사내에서 제일 힘든 것이 무엇이냐고 물어봤을 때 상당수가 '인간관계'라고 대답한다. 친구관계는 물론이고 사회적인 관계에서도 '사람의 문제'는 늘 골치를 아프게 하는 것이 사실이다. 사람과 관련된 걱정과 고민의 유형은 수없이 다양하겠지만 그 중의 하나가 바로 늘 YES를 반복할 때 생기는 일들이다. 거절을 하지 못해 자신의 능력 밖의 문제를 떠안게 되고 그러다 보니 무리하게 되고 이런 상황이 반복되면서 인간관계에 대한 걱정거리가 생기는 것이다. 사람으로 인해서 생기는 걱정거리를 해결할 수 있는 방법은 어떤 것이 있을까?

사회적 이미지에 민감한 사람들

인간관계가 깊어지다 보면 내가 상대방에게 원하는 것도 생기고 또 상대방이 나에게 원하는 것도 생기게 된다. 사람은 모두다 욕망의 존재이고 또 서로에게 바라는 것들이 적절히 채워져야지만 이른바 '인간관계'라는 것도 계속해서 이어지게 마련이다. 따라서 '한결같이 일방적인 관계'라는 것은 사실상 불가능하다.

내가 원하는 것을 상대방이 들어주는 때에는 별로 관계에 큰 문제가 없겠지만, 문제는 상대가 원하는 것을 내가 못 들어줄 때이다. 이러한 상황이 되면 인간관계에 위기를 맞게 된다. 이러한 위기를 만들지 않기 위해 자기희생을 감수할 때도 있다. 이런 일이 한두 번 정도로 끝나면 다행이겠지만 '거절을 잘 하지 못하는 성격'을 가진 사람들에게는 지속적인 걱정거리가 아닐 수 없다. 한마디로 타인의 부탁을 잘 거절하지 못하고 끊임없이 YES를 남발함으로서 생기는 걱정거리이다. 그렇다면 어떤 사람들은 왜 끊임없이 YES를 남발하는 것일까?

이런 성격의 유형들은 첫 번째로 자신의 사회적인 이미지를 과도하게 중요하게 생각하는 사람이다. 물론 사회생활을 하는 모든 사람들에게 사회적인 이미지는 매우 중요한 역할을 한다. 하지만 YES를 남발하는 사람의 경우 자신이 NO라고 했을 때 사회적인 이미지가 손상될까봐 전전긍긍하는 경우가 적지 않다. 그들은 자신이 생각하는 자신의 이미지보다 타인들이 나를 바라보는 사회적 이미지에 지나치게 신경을 쓴다.

두 번째로는 '나의 거절로 인해서 타인들이 상처를 받으면 어떻게 하나'라는 죄의식을 느끼는 사람들이다. 특히 이런 사람들은 자신이 과거에 타인으로부터 거절을 당해 상처를 받았던 기억들을 가지고 있으며, 반대의 상황에서 자신이 NO라고 말했을 때 타인이 받을 수 있는 상처에 대해서 죄의식을 가지는 것이다. 따라서 그들은 타인에게 상처를 주며 죄의식을 느끼는 것을 회피하기 위해 YES만을 말하게 되는 것이다.

NO를 말하지 못하는 근본적인 원인은 대개 엇비슷한 경우가 많다. 하지만 문제는 늘 타인의 부탁을 들어주게 되면 그로 인해 자기 자신이 입는 피해도 만만치 않을뿐더러 이는 자신뿐만 아니라 주변 사람들에게도 걱정을 끼치는 경우가 허다하다는 것이다. 그렇다면 상대방의 부탁에 대해서 NO라고 말할 수 있는 심리적인 대처방안은 어떤 것이 있을까? 또한 NO라고 말했더라도 그로 인한 또 다른 죄의식으로 걱정을 하지 않는 방법은 어떤 것이 있을까?

상대의 부탁이 행복하다면 YES를 말하라, 아니면 NO를 말하라

첫 번째로는 자신의 사회적인 이미지에 대한 고정관념에서 벗어날 필

요가 있다. 이미지라는 것이 고정화되는 경향이 있지만 그것이 영원히 변하지 않는 것도 아니고, 또 자신이 어떻게 스스로의 이미지를 그리느냐가 더욱 중요하다는 점을 인식하는 것이다. UCLA대학의 심리학부 임상교수를 지낸 마누엘 스미스는 '타인의 비난이나 비판에서 자유롭지 못한 사람들은 스스로 우울증을 키우고 있다'고 말한다. 처음에는 '걱정'만 할 뿐이지만 그것이 점점 심각해지면 우울증으로 발전할 수 있음을 염두에 두어야 한다.

두 번째로는 자신이 NO라고 말하더라도 생각보다 타인들이 받는 상처가 작다는 점이다. 캐나다 워털루 대학교 바네사 본스 박사는 이를 '엄격 편향'이라고 설명한다. 본스 박사는 '거절한 후에 상대가 받는 상처는 실제 우리가 머릿속에서 생각하는 것보다 경미하다'고 말한다. 비록 지금 당장 내가 NO를 말하면 상대의 상처가 깊을 것 같지만, 결국 시간이 흐르면 별 것 아닌 일이 될 수 있다는 이야기다.

이렇게 해서 명쾌하게 NO를 말하기 위한 자세와 태도를 갖췄다면 실질적인 '거절의 기술'을 익힐 필요가 있다. 아마도 거절의 기술이 좀 더 정교하게 완성되어 갈수록 인간관계에서 느끼는 고민과 걱정이 훨씬 줄어들 수 있기 때문이다. 여러 가지 거절의 기술 중에서도 첫 번째로 중요한 것은 부탁을 받았을 당시에 곧바로 YES나 NO를 답하지 않는 것이다. '조금만 생각할 시간을 달라'거나 '가족과 상의를 하겠다'

고 말하면서 시간 간격을 두는 것이다. 이렇게 하면 곧바로 NO를 하는 것보다는 상대에게 주는 상처도 줄어들 뿐만 아니라 자신에 대한 죄책감도 다소 가벼워지는 경향이 있다. 누군가와 상의를 하거나 그것에 대해 생각해보겠다는 말은 곧 '당신의 의견을 거절할 가능성도 있다'는 것을 사전에 상정하는 것이니 자신의 부담이 줄어드는 것은 당연한 일이다.

'정말로 상대의 부탁을 들어주는 것이 나에게 행복한 일인가'를 생각해볼 필요도 있다. 거절해야 마땅할 일에 어쩔 수 없이 YES를 한다면 결국 나 스스로를 불행하게 만드는 일에 불과하다. 스스로 불행한 상태에서는 고민과 걱정이 지속될 수밖에 없다. 따라서 상대의 부탁을 들어주는 것의 가치를 '나의 행복'으로 두게 되면 YES를 할 것인가 말 것인가에 대한 기준도 정할 수 있고 그 이후의 걱정도 줄일 수 있다.

마지막으로, '설사 당신의 거절로 타인에게 당신의 사회적 이미지가 훼손된다고 하더라도 지나칠 정도로 개의하지 않겠다'는 다짐이 필요하다. 물론 사회생활에는 좋은 이미지가 도움이 되고, 이미지가 나빠지면 보이지 않는 불이익을 당할 수도 있다. 하지만 이 모든 것을 이겨나갈 수 있는 결정적인 힘은 '사회적 이미지'가 아니라 '자신의 의지와 능력'이라는 것을 깨달을 필요가 있다.

무엇보다 중요한 것은 누군가가 한번 당신에게 부탁을 했다면, 다음에도 그럴 일이 발생할 가능성이 높아진다. 단 한 번의 부탁만 들어주고 모든 것이 끝날 수 있다면 그런 부탁 정도는 누구나 받아들일 수 있을 것이다. 그러나 습관적으로 타인에게 도움을 요청하는 사람들에게 계속해서 끌려 다니게 되면 당신의 걱정 역시 계속해서 이어질 수밖에 없다.

걱정에 물들지 않는 **연습**

:

타인의 부탁을 부담 없이 거절하기 위해

STEP 1

사람은 서로 도움을 주고받는 관계다. 하지만 그러한 것들에도 분명한 '대가'는 따른다. 당신이 타인의 부탁을 들어줄 때에 괴로울 뿐만 아니라 그것을 들어주지 않았을 때마저 다른 걱정이 생긴다면 더 이상 그와 같은 상태를 지속해서는 안 된다.

STEP 2

부탁을 거절하는 기술도 명확하게 알고 있어야 한다. 대답을 하기 전에 시간을 끌거나 자신만의 확고한 기준을 가지고 있어야 한다.

독립적으로 살아갈 수 있다는 확신이 반드시 필요하다. 이는 당신의 거절로 인해 생기는 사회적 이미지에 휘둘리지 않기 위함이다. 최악의 경우에는 인간관계가 소원해지는 것도 감수해야 한다. 타인으로 인해 지속적인 인간관계에 대한 걱정을 안고 사는 것보다는 현명한 거절이 훨씬 더 지혜로울 수 있기 때문이다.

걱정과 친구 되기 - ⑴

- 타인과의 법칙을 인정한다면, 걱정은 미래의 청신호

우리가 걱정을 할 때, 걱정 자체에 빠져 있거나 해결방법만 골똘히 생각하다보면 중요한 사실 한 가지를 간과하게 된다. 그것은 바로 '지금 내가 하고 있는 걱정이 어디에서 온 것인가?'라는 점이다. 누가 이러한 걱정을 만들어 냈으며, 왜 내가 이 걱정을 겪고 있어야 하는지에 대한 의문과 대답을 까맣게 잊고 있는 경우가 적지 않다. 그것은 마치 여행을 하고는 있지만 도대체 내가 어디로 향해 가고 있는지를 모르는 것과 비슷하다. 여행의 여정 자체에 몰입해 궁극적인 목적지에 대해 잊고 있는 것과 마찬가지라는 이야기다.

사실 '걱정이 어디에서부터 왔는가'라는 질문에 대한 해답은 아주 명확하다. 자신이 전혀 인지하지 못한 상황에서 누군가에 의해 불시에 습격이나 사고를 당한 것이 아니라면, 일상적인 걱정을 만들어낸 주체는 바로 당신 스스로일 것이다. 경제적인 곤란도, 당장의 삶에 대한 무수한 걱정도 결국 본인이 만들어낸 것일 뿐이다. 하지만 이는 스스로의 잘못을 반성하라는 의미도 아니고, 또 걱정의 책임은 당신에게 있으니 누군가를 원망할 생각은 하지 말라는 의미도 아니다. '누가 지금 당신이 하고 있는 걱정을 만들어 냈는가'를 살펴보는 것은 그 걱정에 대한 매우 명확한 해답을 얻기 위한 것이고 또한 걱정에 대한 미래의 씨앗을 제거하는 일이기도 하다.

걱정마저 무기력화 됐던 힘겨운 인생

대개의 평범한 가정에서 자라난 사람들이 그렇듯, 트레이시라는 소년도 그리 부유한 집안에서 자라지는 못했다. 고등학교도 졸업하기 힘든 어려운 가정 형편이었기 때문이다. 그런 그가 할 수 있는 직업이라곤 건물 청소부, 세차장의 세차원, 혹은 호텔의 접시 닦이 뿐이었다. 그는 온갖 힘들고 어려운 직업을 전전해야 했다. 주유소 점원은 물론 화물선의 잡역부도 해야 했고 벌목꾼이 되어 고된 노동을 하기도 했다. 그는 자신의 삶에 희망이란 없다고 생각했으며 미래에 대한 걱정에 지쳐 모든 것에 무기력하게 대응할 수밖에 없는 상황에 처해있었다. 하지만 성인으로 성장한 그는 현재 전 세계에서 가장 영향력 있는 동기 부여가이자 작가이며 비즈니스 분야의 컨설턴트이다. 당신도 한 번쯤 들어봤을 만한 이름, 바로 '브라이언 트레이시'이다. 특히 그가 설립한 '트레이시 인터내셔널'사는 전 세계 10여 국에서 큰돈을 벌면서 성공을 하게 됐다.

최악의 상황에 있었던 그는 어떻게 자신의 인생을 훌륭하게 변화시킬 수 있었던 것일까? 그가 변화를 시작하기 전에 깨달았던 것은 '모든 문제의 원인은 나에게 있다'는 것이었다. 이러한 깨달음에는 한 백만장자 노인이 했던 조언이 큰 도움이 됐다고 한다. 당시 그는 주변에 있던 성공한 사람들을 보면서 '왜 저 사람들은 부자이고, 나는 부자가 아닐까?'라는 고민에 빠졌고 그에 대한 대답을 스스로에게 질문하곤 했다. 하지만 그 해답을 찾기란 쉽지 않았다. 학력도 변변치 못했을 뿐만 아니라 청소년기에 부모님으로부터 세상의 이치에 대해서 제대로 들어본 적도 없었기 때문이다. 결국 그는 한 백만장자를 만나게 됐고 그에게 질문했다.

"저도 돈을 많이 벌고 싶습니다. 어떻게 하면 돈을 많이 벌 수 있을까요?"

그러자 백만장자는 이렇게 대답했다.

"당신은 왜 부자가 아니죠?"

이 백만장자의 대답은 쉽게 이해되지 않는 선문답과 비슷하다. '어떻게 하면 돈을 많이 벌 수 있느냐'는 질문에 '왜 당신은 부자가 아니냐'는 대답은 이치에 맞지 않아 보이기 때문이다. 하지만 이 대화의 진짜 의미는 '모든 것의 원인, 즉 당신이 현재 부자가 안 된 이유는 당신 스스로에게 있다'는 이야기다. 그러니까 '지금 부자가 아닌 현재의 당신'이라는 결과는 '부자가 될 수 없었던 과거의 당신'에 그 원인이 있다는 의미이다.

결과가 있다면 반드시 '원인'이 있다

트레이시의 사례는 꼭 물질적인 풍요를 떠나서 걱정에서 벗어나고 싶어 하는 모든 이들에게도 공통적으로 적용되는 이야기라고 할 수 있다. 정확하게 보자면 지금 하고 있는 모든 걱정들은 하나의 '결과'일 뿐이다. 그리고 과거로부터 지금에 이르기까지 해왔던 수많은 행동과 말, 사고방식들이 그 걱정의 '원인'이 되었을 뿐이다. 사실 이는 매우 간단하고 명쾌한 말이다. '원인이 없는 결과는 없다'라는 단순명료한 진리에 비춰본다면 아주 쉽게 이해될 수 있다. 트레이시도 백만장자의 이야기를 들은 후 바로 이 명쾌한 진리를 바라볼 수 있었고 그것을 자신의 인생에 적용시키기 시작하자 걱정에서 벗어나 성공으로 진입할 수 있었다. 그는 이렇게 말했다.

"세상의 모든 이치는 정확합니다. 적절한 '원인'을 만든다면 그에 따른 아주 정확한 '결과'가 나타난다는 것입니다. 저는 실제 부동산 투자업을 하거나 비즈니스 컨설팅을 할 때에도 성공의 원칙을 정확하게 적용시켰고 그에 따른 확실한 결과를 얻어냈습니다. 나의 생활에 성공의 원칙을 적용시키자 성공한 사람들과 똑같은 훌륭한 결과를 얻게 된 것입니다."

즉 성공을 할 수 있는 원인을 제공하면, 성공적인 결과를 얻을 수 있다는 것이다. 마찬가지로 걱정을 하지 않는 원인을 만들어내면 걱정을 하지 않게 된다. 물론 그 반대의 경우도 너무나 당연한 일이다.

세계적인 문호인 괴테는 이런 말을 했다.

"자연은 농담을 모른다. 자연은 늘 진실하고 엄격하고 옳으므로 오류나 착오는 언제나 인간의 몫이다. 자연은 자연의 이치를 알지 못하는 자를 경멸하고, 오로지 타당하고 순수하고 진실한 자만을 받아들이며, 그들에게 자연의 비밀을 보여준다."

여기에서 그가 말하는 '자연'이란 바로 앞에서 살펴봤던 인과의 법칙이다.

지금 무엇인가를 걱정하고 있다면, 그 걱정을 만들어낸 원인부터 살펴봐야할 필요가 있다. '왜 이런 걱정이 생겼을까'를 살펴보는 것은 지금의 걱정에 대한 자신의 책임감을 느끼게 해주고, '다음부터는 절대로 이런 걱정을 만들어내지 않을 것이다'라는 결의를 다질 수 있도록 도와준다. 그리고 걱정이 짜증으로 발전하고 그 짜증이 분노로 상승하는 것을 막아줄 수 있을 것이다.

어떤 면에서 본다면 걱정이라는 것은 밝은 미래를 위한 청신호 이기도 하다. 계속되는 잘못된 길에 대한 브레이크를 걸어주는 일종의 사인(Sign)과 같은 것이며, 문제의 원인만 찾는다면 반드시 걱정에서도 벗어날 수 있다는 의미 있는 조언이기도 하다.

걱정에 물들지 않는 **연습**

걱정을 만들어낸 원인 찾기

STEP 1

걱정은 불현듯 다가오기 때문에 그 원인을 찾기보다는 당장 문제 해결에만 몰입하는 경우가 많다. 하지만 그렇게 순간적으로 걱정을 해소한다고 해도, 원인에 대한 명확한 인식이 없다면 이미 또 다른 미래의 걱정을 잉태하고 있는 것이기도 하다.

STEP 2

'걱정에 대한 원인 찾기'는 자기반성을 하라는 것이 아니라 그것을 자신의 책임으로 생각하고 스스로 해결하겠다는 의지를 다지라는 의미이다. 매번 걱정의 원인을 구체적으로 찾고 그것을 반복하지 않겠다는 생각을 하면 앞으로의 걱정은 훨씬 줄일 수 있는 것이 사실이다.

❖

다음부터 할 것은 '걱정을 하지 않는 원인'을 스스로 만들어가는 것이다. 이제껏 해왔던 걱정이 늘 동일한 원인에 의해서 발생했다면, 반대로 '걱정을 하지 않는 원인'을 만들어나가면 늘 걱정을 하지 않는 삶을 살 수 있을 것이기 때문이다.

걱정과 친구 되기 - (2)

- 삶을 행복으로 이끄는 이중적 성향

．
．
．

걱정에 물들지 않거나 걱정에서 멀어지는 것이 반드시 인생의 모든 면에서 긍정주의로 똘똘 뭉치거나 삶을 무조건 낙관적으로 바라봐야 한다는 의미는 아니다. 앞으로 무슨 일이 어떤 방식으로 닥칠지 모르는 상태에서 무작정 갖게 되는 낙관주의는 오히려 자신의 미래에 독이 되는 것은 물론이거니와 미래를 준비하는 태도를 게으르게 만들 수도 있기 때문이다.

그런 점에서 우리는 낙관과 비관을 넘어서는 '제3의 길'을 찾을 필요가 있다. 그것은 낙관과 비관을 오가는 '이중적인 성향'이며 성공의 가능성을 보되 실패의 가능성도 동시에 볼 수 있는 '이중적인 관점'이기도 하다.

제3의 길, '낙관-비관주의'

지나친 낙관주의, 근거 없는 긍정주의가 가져다주는 최악의 상황은 바로 비즈니스의 세계에서 벌어진다. 비즈니스란 돈과 성공이라는 변수의 세계, 확률의 세계에 베팅을 한다는 것을 의미한다. 이런 세계에서 낙관이란 상당히 위험한 것임에 틀림없다. 과거 우리나라에서도 수많은 '묻지마 투자'가 쓰라린 상처를 남겼다. 당시 투자자들은 모두 '근거 없는 긍정'에 가득 차 있었다. '현실'은 투자하지 않아야 하는 상황임에도 불구하고 그들의 '생각'은 투자해도 상관없지 않겠냐는 긍정적인 생각을 했던 것이다.

성공을 이룬 대다수의 CEO들이 상당히 긍정적인 편이라고는 하지만, 이는 자신이 겪는 비즈니스 상의 장애물과 위험을 뚫고 나가기 위한 하나의 방편에 불과하다. 스스로가 먼저 자신감을 잃고 상황을 비관적으로 바라보면 결코 그 장애물을 뛰어넘을 수 없기에 의도적으로라도 긍정적이 될 필요가 있다. 어떤 면에서 볼 때 그들은 주어진 비즈니스의 상황에서 늘 최악을 상상하는 경우가 많다. 일반인들보다 더 비관적으로, 더 악화된 상황을 설정하는 것이다. 하지만 이것 역시 그들이 자신의 사업이 실패할 것이라고 생각해서는 아니다. 단지 최후의 대비를 위한 방편일 뿐이다. 이런 면에서 봤을 때 성공한 경영자들은 지극히 낙천적인 사람들이면서, 또 한편으로는 지극히 비관적인 사람이기도 하다. 그들은 딱 한마디로 정의내릴 수 없는 이중적 성향을 가지고 있다고 할 수 있다. 따라서 그들은 '낙관주의'도 아니고 '비관주의'도 아닌 논리적인 모순으로 보이는 '낙관–비관주의자'라고 할 수 있다.

낙관과 비관에 대한 또 다른 이야기가 있다. 그것은 바로 '스톡데일 패러독스(Stockdale Paradox)'라는 것이다. 스톡데일 장군은 베트남전 때 하노이 포로수용소에서 무려 10년간이나 갇혀 있다가 끝내 살아 돌아온 사람이다. 하지만 그가 10년을 견디는 동안 함께 수용소에 있던 많은 사람들이 스스로의 정신적인 문제로 깊은 실의에 빠졌고 그로 인해 건강이 악화되어 죽음에까지 이르곤 했다. 그렇다면 스톡데일 장군은 어떻게 했길래 그러한 상황에서 자신의 건강을 온전히 지키면서 살아남을 수 있었을까. 그것은 그가 당시의 상황을 낙관하지도 않고 비관하지도 않았기 때문이다. 당시에 낙관주의자들은 '어쩌면 이번 부활절에 풀려날 수 있을지도 몰라', 혹은 '어쩌면 다음 크리스마스에는 풀려날지도 몰라'라는 기대를 계속해서 가졌다. 하지만 그런 기대는 번번이 좌절되었고 그들은 결국 스스로 희망을 잃어버리고 말았다. 반면 비관주의자들은 아예 처음부터 포기를 했다. '여기서 나가는 것은 불가능해, 아마도 여기서 죽을 것이 틀림없어'라고 생각하며 스스로 희망의 싹을 잘라버린 것이다. 그렇다면 스톡데일 장군은 어떤 부류였을까. 그는 어떻게 보면 '회색분자'였다고 할 수도 있다. 결코 쉽고 빠르게 수용소에서 나가기는 힘들 것이라는 생각을 했지만, '반드시 살아나갈 것이다'라는 의지를 다졌다고 한다. 바로 그는 '낙관-비관주의자'였던 것이다.

앞에서 언급했던 성공한 경영자의 생각과 스톡데일 장군의 생각에서 일치하는 것은 그들은 언제나 두 가지 성향, 이중적인 관점을 모두 가지고 있다는 점이다.

미국 저널리스트이자 사회학자인 맥스 러너는 이렇게 이야기했다.

"나는 낙관주의자도 비관주의자도 아닌 가능주의자다."

미국 작가 윌리엄 아서 워드 역시 이렇게 이야기했다.

"비관주의자는 바람이 부는 걸 불평하고 낙관주의자는 풍향
이 바뀌기를 기대하지만 현실주의자는 돛을 조정한다."

이러한 낙관과 비관은 걱정과 아주 밀접한 연관을 가지고 있다. 낙관은 의도적으로 걱정을 멀리하려는 것이고 비관은 스스로 걱정에 푹 빠져 있는 것이다. 따라서 이러한 제 3의 길은 걱정에 대해서도 우리에게 한 가지 지혜를 알려주고 있다. 걱정하되 걱정에 매몰되지 않게 상황을 객관적으로 관찰해야 하고, 걱정에서 멀어지되 걱정을 완전히

회피하지는 말라는 것이다. 걱정을 하는 것은 주어진 문제를 해결하고 더 나은 발전으로 향해 나아가기 위한 하나의 방편으로 생각할 필요가 있다는 이야기다. 걱정에 대한 이러한 이중적인 태도와 관점을 가질 수 있을 때, 우리의 삶은 문제해결을 위한 고민과 스스로에게 악영향을 미치는 부정적인 걱정 사이에서 균형을 잡아 나갈 수 있을 것이다.

걱정에 물들지 않는 **연습**

낙관하되 비관하는 법

STEP 1

'낙관–비관주의'란 것은 '낙관하되 비관하는 것'이고 '비관하되 낙관하는 것'
이다. 이는 그저 말로만 하는 것이 아니다. 낙관할 때에는 사물과 현상의 긍
정적인 면을 충분히 보고, 또 한편으로 비관할 때는 부정적인 면을 충분히
본다는 의미이다.

STEP 2

두 가지 모두를 충분히 바라보면 균형잡힌 시각이 생길 수 있다. 즉, 지금의
상황을 '좋은 점도 있고 나쁜 점도 있다'라고 인식하게 되면 어느 한쪽으로
치우치지 않고 스스로 마음의 중심을 잡을 수 있다는 이야기다.

❖

자유자재로 마음의 균형을 잡을 수 있는 성숙한 관점이 생기게 되
면 일의 해결법도 올바르게 만들어낼 수 있고 또 흔들리지 않고 그
것을 진행할 수 있는 추진력도 함께 생기게 된다.

걱정과 친구 되기-(3)

- 당신의 걱정도 '에너지'이다

사람의 생각은 아주 강한 힘을 가지고 있다. 그 자체로 에너지를 가지고 있다는 이야기다. 물론 생각 자체만으로 현실이 바뀌지는 않지만, 우리가 무언가를 생각하게 되면 그것은 행동을 부르게 되고 행동함으로써 생각이 현실적인 에너지로 바뀌는 것이다.

걱정도 생각의 일부라고 본다면 마찬가지로 걱정도 힘을 가지고 있다. 그런데 그 힘은 긍정적인 사고가 만들어내는 힘과 정반대의 방향으로 에너지를 작동시킨다. 따라서 만약 걱정을 멈추고 그 걱정을 새로운 긍정의 에너지로 전환시킬 수 있다면 우리는 더 큰 에너지를 갖게 된다는 이야기다.

걱정이 가지고 있는 힘과 에너지

걱정은 분명 힘이고 에너지이지만 그것은 마이너스(-) 방향으로 작용하는 힘이다. 언덕에서 구르는 돌에게 가속의 힘을 주는 에너지가 아니라 반대편에서 돌진해 가속을 줄이는 역할을 한다. 따라서 걱정은 일반적인 상황에서 가지고 있던 우리의 에너지 자체를 감소시키는 힘을 가지고 있다. 걱정을 많이 하게 되고, 그 걱정에서 빠져나오지 못하게 되면 무기력함을 느끼게 된다. 이는 걱정이 원하는 방향으로 나아가고자하는 우리의 의지에 반대 방향으로 작용해 모든 힘을 빼앗아갔기 때문에 생기는 현상이기도 하다. 따라서 우리는 걱정이 가지고 있는 이러한 힘을 반대 방향인 긍정적 힘으로 전환시킬 수 있는 방법을 알아야 한다.

미국의 어느 교도소에 수감되어 있는 16만 명에 달하는 성인 수감자들을 대상으로 한 설문조사 결과에 따르면, 전체의 92%에 달하는 사람들이 '내 인생이 불행해진 이유 중 하나는 나의 에너지를 긍정적인 방향으로 이끌어주는 자제력이 부족했기 때문이다'라는 것에 동의를 했다. 이들은 걱정, 불안, 두려움, 복수심과 같은 자신의 내부에서 발생하는 감정들을 민감하게 들여다보지 못했고 그 결과 그것을 자제해야 한다는 의지조차 갖지를 못했다. 그러다 보니 파괴적인 에너지를 잘못 사용하게 된 것이다. 우리가 걱정을 대하는 자세도 이와 마찬가지어야 한다. 자신에게 어떤 걱정이 생겼을 때에는 걱정 자체를 자제하고 다시 평상심으로 돌아온 다음 걱정을 해결할 수 있는 적절한 방법을 찾아 행동에 옮김으로써 걱정이 지속되지 않도록 노력해야 한다는 말이다. 이렇게 걱정에 대한 자제력을 갖추는 것이 때로는 자신의 인생을 바꿀 수 있을 정도로 매우 중요한 문제이기도 하다.

걱정에 숨어있는 또 다른 기회 찾아내기

걱정을 스스로 억제할 수 있는 자제력을 키움과 동시에 해야 할 것은 바로 걱정 속에 숨어 있는 '또 다른 기회'를 찾아내는 것이다. 걱정이 오히려 자신을 강하게 만들 수 있는 기회가 될 수도 있기 때문이다. 대표적인 예가 바로 '부레가 없는 상어 이야기'이다. 바다 속에 있는 수많은 물고기 중에서 유독 부레가 없는 것이 있으니 바로 상어이다. 부레가 없다는 것은 잠시라도 움직임을 멈추면 곧 바다 밑으로 가라앉아 죽는 것을 의미한다. 따라서 상어는 태어났을 때부터 죽기 직전까지 끊임없이 움직여야만 한다. 다른 물고기에 비하면 상당히 수고스럽고 귀찮은 일일 것이다. 하지만 상어는 오히려 자신의 약점을 그렇게 계속해서 단련시키면서 물고기들 중에서 가장 강한 존재가 되었다.

　나에게 어떤 문제로 인해 고민이 생겼다는 것은 자신의 문제해결능력을 더욱 고취시킬 수 있는 기회이기도 하다. 경제적인 곤란이 있다면 어떻게 하면 더 이상의 경제적 곤란을 당하지 않을까를 생각하며 부(富)를 향한 열정을 만들어낼 수 있고, 인간관계에서 문제가 있다면 이를 해결하기 위해 다양한 노력을 하는 과정에서 많은 사람들에게 사랑받는 사람으로 거듭날 수도 있다. 걱정과 곤란은 또 다른 의미에서 나에게 주어지는 새로운 기회인 셈이다. 따라서 중요한 것은 걱정 그 자체가 아니라 걱정을 어떻게 '사용'할 것이며 어떻게 '활용'할 것인가의 문제라고 할 수 있다. '비관주의자들은 모든 기회 뒤에 숨어 있는 한 가지 문제점을 찾아내고, 낙천주의자들은 모든 문제점 뒤에 숨어있는 하나의 기회를 찾아낸다'는 말이 있다. 어떤 면을 볼 것이고, 그것에 대해 어떤 태도를 취할 것인가에 따라서 상황은 180도 달라질 수 있다는 이야기다. 당신이 지금 하고 있는 걱정이 '또 다른 에너지'가 될 수 있음을 굳게 믿고 상황을 바꾸려는 노력을 한다면, 걱정은 오히려 당신에게 긍정적인 방향으로 작용할 수 있을 것이다

걱정에 물들지 않는 **연습**

:

걱정을 또 다른 에너지로 만들기 위해서

STEP 1

걱정이 생겼다고 무조건 걱정이 이끄는 데로 끌려갈 것이 아니라 이 걱정을 어떻게 자신에게 긍정적인 계기로 만들어낼 것인가를 생각하는 것도 무척 중요한 일이다. 모든 걱정은 부정성과 긍정성을 동시에 가지고 있기 때문에 지금 당신이 하고 있는 걱정에도 반드시 긍정성이 있을 것이다.

STEP 2

긍정성을 찾아냈다면 이제 다음으로 해야할 일은 그것을 어떻게 이뤄낼지 고민하면 된다. 방법과 목표를 찾고 그것을 위해 노력하다보면 어느덧 걱정의 부정적인 에너지가 추진력이라는 긍정적인 에너지로 바뀌고 있을 것이다.

긍정적인 에너지를 위해 뛰어다니다 보면 과거의 걱정이 자신을 발전시키는 계기가 되었다는 것을 완전히 확신할 수 있을 것이다. 이러한 경험들이 반복되면 점차 걱정이 두렵기보다는 오히려 걱정이 생길 때마다 자신을 더욱 발전시켜나가는 계기로 삼을 수 있을 것이다.

지금은 현실을 바꾸는 행동이 필요할 때

− 머릿속에서 바뀌는 것은 아무 것도 없다

| PART 3 |

걱정에서 보다 자유로워지기 위해서는 근본적인 실천이 필요하다.
현실의 문제에 부딪혀 자신을 바라보고 행동을 바꿀 수 있는 구체적인
대안을 만들어야 한다는 이야기다. 순수하게 문제해결에 집중해본다거
나 혹은 종이에 적는 것, 그리고 기존의 계획을 보완하는 더 많은 계획
을 세우는 것들이 이에 해당한다. 이렇게 사소한 실천들을 하나씩 해나
가다 보면 스스로가 어떻게 해야 하는지에 대한 더 많은 방법을 착안해
낼 수 있을 것이다.

순수하게
문제해결에 집중한다는
것에 대해

걱정은 일종의 소용돌이와 같은 심리적 현상을 만들어낸다. 물이 든 찻잔에 티스푼을 집어넣고 돌리기 시작하면 가운데 부분이 움푹 파이면서 주변의 물들은 계속해서 한 방향으로 회전하게 된다. 티스푼 돌리기를 멈추는 그 순간까지 물은 계속해서 한곳으로 빨려 들어가고 회전은 멈추지 않게 되는 것이다.

비유하자면 걱정은 티스푼 돌리기와 같은 것이다. 아무리 작은 걱정이라도 한번 시작되면 바로 이렇게 다양한 심리적 소용돌이를 만들어내기 때문이다. 걱정을 멈추지 못하는 한, 마음의 모든 평안과 안정은 계속해서 걱정으로 점점 빨려 들어갈 것이다.

개미들은 종종 먹을거리를 구하러 갔다가 다시 집으로 돌아오면 집이 무너져 있는 경우를 발견하게 된다. 썩은 나뭇가지가 떨어져서 집을 덮친다든지, 혹은 우연히 주변의 돌들이 튕겨서 집을 공격하게 되면 여지없이 집이 망가지게 되는 것이다. 이럴 때 개미들이 제일 먼저 하는 행동이 있다. 그것은 곧바로 다시 집을 지을 공간을 물색하고 집을 지을 재료들을 모으는 것이다.

개미들은 문제에 직면했을 때 오로지 순수하게 '문제의 해결'에 집중할 뿐이다. 이렇게 문제의 해결에만 집중한다는 것은 곧 감정을 배제한다는 것을 의미한다. 사실 우리들은 어떤 문제에 직면했을 때 제일 먼저 감정이 요동치는 소리를 듣게 된다. 하지만 감정은 때로 문제의 해결을 더욱 어렵게 만들고, 상황을 더욱 꼬이게 만들곤 한다. 실제로 감정을 앞세워 문제가 제대로 해결된 경우는 아마도 거의 없을 것이다.

하지만 일단 감정이 배제되고 문제의 해결에만 집중하게 되면 여러 가지 장점을 동시에 얻게 된다. 이 문제를 어떻게 해결해야 할지, 그래서 누구를 만나고 어떤 방법으로 문제를 풀어나갈지에 골몰하게 되면 과거의 잘못에 대한 후회와 자책감을 잊을 수 있는 것은 물론 문제해결에 대한 희망도 함께 품을 수 있다. 뿐만 아니라 현실적으로도 문제가 빠르게 해결됨으로써 실제의 걱정에서 더 빨리 멀어질 수 있다.

만약 개미가 무너진 집을 보며 망연자실하며 감정에 휩싸이거나 혹은 앞으로도 벌어질 걱정에 휩싸여 있다면 집을 다시 짓는 행동은 당연히 느려질 수밖에 없는 것이다. 문제가 생겼을 때 바로 그 문제의 해결에 몰두하게 되면 이렇게 지연되는 시간이 사라지게 되고 그 문제가 해결됨과 동시에 상당수의 걱정에서 벗어날 수 있게 되는 것이다.

꼬리에 꼬리를 무는 걱정을 멈추는 법

사실 걱정은 꼬리에 꼬리를 무는 특성을 가지고 있다. 하나의 걱정이 또 다른 걱정을 낳고, 그것이 연쇄적으로 파생되면서 계속해서 새로운 걱정을 가져오게 된다. 예를 들어 취직에 대한 걱정은 생계에 대한 걱정으로 이어지고 생계에 대한 걱정은 노후에 대한 걱정까지 한꺼번에 불러온다. 그리고 이러한 걱정들이 힘을 합쳐 미래 전체를 어두컴컴하게 만들어 버린다. 그런데 걱정이 꼬리에 꼬리를 무는 과정이 사실은 아주 빈약한 논리에 근거하는 경우가 많다는 것을 알아야 한다. 그것은 상상력에 의한 연쇄작용일 뿐, 미래에 걱정한 모든 일들이 반드시 동시에 일어난다는 근거가 거의 없기 때문이다. 예를 들어 회사에 취직하지 못했다고 해서 반드시 생계에 지장을 받는 것은 아닐 수도 있고, 지금의 생계가 반드시 노후를 결정하지 않을 수도 있다. 시간이 흐르면서 또 다른 변수에 의해서 인생의 방향이 변할 수도 있고,

설사 일시적으로 생계에 지장을 받는다고 하더라도 그것 자체가 불안한 노후를 만들어내는 직접적인 증거일 수는 없다. 그럼에도 불구하고 걱정이 만들어내는 연쇄 사슬은 우리에게 필요한 가능성의 빛을 차단하게 된다.

바로 이러한 상황에서도 '순수하게 문제 해결에 몰두하는 힘'은 큰 역할을 할 수 있다. 근거가 빈약한 걱정에 휘둘려 해결을 지연하는 것이 아니라 오로지 지금 닥친 눈앞의 문제들을 하나하나 해결해 나가는 데 온 신경을 집중하면 꼬리를 무는 걱정은 그 연쇄 사슬의 연장을 멈추게 된다. 더불어 이러한 능력은 지금의 문제에 대해 가벼운 마음을 가질 수 있도록 도와준다. 걱정의 연쇄 사슬이 멈춰졌으니 현재의 문제만이 도드라져 보이며, 이제 문제만 해결하면 고민은 끝날 수 있기 때문이다.

뉴욕 양키즈의 전설적인 야구 선수 요기 베라는 자신의 타격부진을 걱정하며 '요기 베라가 슬럼프에 빠졌다'는 언론의 호들갑에 대해 이렇게 이야기한 적이 있었다.

"슬럼프라니? 난 슬럼프에 빠진 것이 아닌데? 그냥 요즘 조금 타격이 부진한 것일 뿐이야."

사실 '슬럼프'와 '요즘 부진한 타격'은 비슷한 것처럼 보이면서도 다른 뉘앙스를 가지고 있다. 슬럼프라고 하면 꽤 깊은 난관에 부딪혀서 선수생활에 타격을 줄 수 있는 상황이라는 것을 암시한다. 지금뿐만 아니라 미래의 문제까지 함께 결부되는 것이다. 반면 '요즘 부진한 타격'은 현재의 문제만이 도드라질 뿐이다. '곧 만회될 수 있다'는 자신감도 함께 배어 있다. 이렇게 지금의 문제를 미래와 연결시키지 않고 '단지 지금의 문제'에만 한정시키는 태도는 걱정을 축소시키고 그것에 대한 해결의 의지를 높이는 데에 큰 도움이 될 수 있다.

과거의 문이 닫히지 않으면 미래의 문이 열리지 않는다. 마음과 생각이 과거에 머물러서 그것으로부터 자유롭지 못하면 미래의 변화를 만들어내기 힘들다는 이야기다. 그런 점에서 감정을 배제하고 순수하게 문제해결에만 집중하는 것은 과거의 문을 닫고 미래를 방해하는 연쇄 사슬을 끊는 아주 중요한 역할을 해준다. 그리고 이것은 더 이상 걱정에 지배당하지 않고, 오히려 걱정을 제압할 수 있는 힘을 길러줄 수 있다.

걱정에 물들지 않는 **연습**

:

어떻게 문제해결에 몰두할 수 있을까?

STEP 1

문제가 생겼을 때에 가장 중요한 것은 마음을 습격하는 공포감에서 벗어나는 일이다. 생각해보라. 어쩌면 지금 생각하고 있는 걱정거리는 아직 현실화되지 않았을 뿐이다. 그저 당신의 예측이 만들어낸 근거 없는 허상일 수도 있지 않은가?

STEP 2

현실을 바꾸는 힘은 걱정에서 나오지 않는다. 그 진짜 힘은 문제를 해결하기 위한 진지한 열정에서부터 시작된다. 뿐만 아니라 이러한 진지한 열정을 가져야만 지금 하고 있는 걱정의 연쇄 사슬을 멈출 수 있다.

STEP 3

가장 중요한 것은 보다 객관적이고 구체적으로 생각해보는 일이다. 지금 당장 무엇부터 해야 하는지, 바로 오늘과 내일에 무엇을 실천할지부터 생각해보라. 그리고 실천사항을 목록으로 만들어 계속해서 고민하고 연구해야 한다.

큰 것을 한꺼번에 해결하려고 하지 말고 사소한 것부터 차분하게 해결한다고 생각하면 전체적인 문제해결의 레이아웃이 그려질 수 있다. 이제 할 일은 단지 그것을 실천하는 일뿐이다.

실패를 당당하게
받아들이면
걱정도 반으로 줄 수 있다

앞에서 실패를 받아들이는 것, 그리고 실패를 인정하는 것이야 말로 오히려 자신감을 강화하고 걱정에서 멀어질 수 있는 한 가지 방법이라고 했다. 그런데 이 실패에 대해서는 좀 더 자세하게 살펴볼 필요가 있다. 사실 '실패에 대한 두려움'은 우리가 하고 있는 수많은 미래에 대한 걱정 중에서 가장 중요하고 비중이 높은 것이라고 할 수 있기 때문이다. 또한 실패를 어떻게 해석하고 받아들이냐 하는 문제는 '걱정에 물들지 않는 연습'에서 매우 중요한 부분이라고 할 수 있다.

결론적으로 보자면, 우리는 이제껏 실패에 대해 배워왔던 모든 것을 거꾸로 생각할 필요가 있으며 오히려 실패는 성공보다 더욱 소중하다는 점이다. 따라서 우리는 실패를 떠올릴 때마다 인상을 찌푸릴 필요가 전혀 없으며 오히려 정반대의 마음을 가져야 한다. 실패는 우리를 성공으로 이끌어주는 아주 중요한 인도자이며, 우리의 성공을 강화시켜주는 단단한 단련의 계기가 되기 때문이다. 그래서 우리는 실패를 향해 웃어야 하며, 실패를 했을 때 기뻐해야 하는 것이다.

51번의 실패에도 굴하지 않을 수 있었던 본질적인 이유

'앵그리 버드'는 모바일 게임 역사에서 한 획을 그었다고 해도 과언이 아니다. 그런데 이 회사가 그간 겪어왔던 실패의 여정은 그 성공의 신화만큼이나 큰 화제가 되기도 했다. 이 게임을 만든 핀란드의 로비오 엔터테인먼트(이하 로비오)는 지난 2008년까지 무려 51개의 게임을 만든 적이 있었다. 문제는 그 모든 게임이 거의 다 실패를 했다는 점이다. 당시 30명이었던 직원은 점점 줄어들어 10명밖에 남지 않았고 결국에는 부도의 위기까지 몰렸었다. 하지만 '이번이 마지막'이라고 생각한 전 직원이 단 3개월 만에 만들어낸 게임이 바로 앵그리 버드였다. 무려 51번의 실패 끝에 탄생한 이 게임은 불과 3년 만에 전 세계에서 10억 회가 넘는 다운로드를 기록하면서 모바일 게임의 또 다른 신화를 만들어 냈다. 그 결과 2011년 한 해에만 매출액이 1조를 넘었고 순이익은 7,000억 원에 이르렀다.

그런데 우리가 여기에서 주의 깊게 봐야할 것은 '로비오는 어떻게

성공했나'가 아니라 '로비오는 어떻게 51번의 실패를 견딜 수 있었나'
라는 점이다. 한두 번도 아니고 51번을 실패했다는 것은 거의 절망적
인 상황이라고 할 수 있다. 일반적으로 아무리 열정적인 사업가라도
그렇게 수많은 실패와 좌절의 시간을 견디기는 쉽지 않은 일이다. 사
업자금도 사업자금이지만 일단 사람이 지치고 스트레스를 받은 나머
지 더 이상의 기력을 내기가 어려운 것이 사실이다. 그럼에도 불구하
고 로비오의 경영진들이 절대로 포기하지 않았던 것은 '실패를 소중히
하는 핀란드의 창업 교육'에 상당한 영향을 받았기 때문이다.

핀란드에서도 손꼽히는 명문대들이 통합되어 출범한 알토대학교에
서는 창업을 위한 다양한 과정이 있다. 그 중에서도 매우 이색적인 교
육과정과 교육 행사가 있다. 그것이 바로 '실패 경험하기'와 '실패의 날'
이라는 행사다. '실패 경험하기'란 창업자 교육의 석사과정 2년 안에
서 반드시 중요한 실패를 경험해야 하는 것이다. 성공을 권장하고, 성
공을 향해 달려가야 하는 창업의 과정에서 '반드시 실패를 경험하게
하는 것'은 매우 특이한 프로그램이 아닐 수 없다. 그런데 이 프로그램
을 생각하다보면 '어떻게 일부러 실패를 경험하지?'라는 의문이 생긴
다. 여기에 대한 대답이 곧 실패에 대한 그들의 태도를 보여준다. 실패
를 경험하기 위해서는 자신의 힘으로 할 수 없을 것 같은 일에 과감하
게 도전을 해야 한다. 그래야만 그들은 실패를 경험할 수 있기 때문이
다. 결국 '실패를 경험하라'는 말은 곧 '큰 도전을 하라'는 의미와 동일

하다.

또한 '실패의 날'이라는 행사는 기존의 기업가들이 서슴없이 등장해 자신의 실패 경험담을 낱낱이 고백한다. 애플과 삼성 때문에 휴대폰 분야에서 최강자의 위치에서 밀려난 노키아의 CEO도 이 행사에 나와 자신의 실패 경험을 이야기한 적이 있었다. 특히 노키아 회장이 등장했던 지난 2010년은 노키아가 경영 위기를 겪고 있을 당시였다. 아마도 핀란드 국민들이 아닌 다른 나라의 사람들이었다면 그런 노키아 CEO의 모습을 보면서 이런 생각을 했을지도 모를 일이다.

> "지금 회사가 어려운데 대학 행사장에 가서 자기 회사의 실패
>
> 경험담이나 이야기하고 있는 것이 제 정신이야?"

하지만 실패의 경험을 중요시 하는 핀란드에서는 그리 큰 문제가 되지 않았다. 이것은 실패를 대하는 태도가 우리와는 '완전히 다르다' 라는 것을 의미한다. 우리에게 실패는 무언가에 낙인찍히는 것, 자존심에 상처를 입는 것, 근원적인 능력이 부정당하는 것이다. 그래서 결국 사람들에게 밝혀서는 안 되는 것이고, 절대로 해서는 안 되는 것이라고 생각한다. 하지만 핀란드의 창업 교육에서 그것은 그저 '경험' 일 뿐이고, 성공으로 가는 하나의 자연스러운 길에 불과한 것이다. 그래서 낙인찍히는 것도 부정당해야할 것도 아니고 그저 과정이나 경로

일 뿐이다. 마치 달리기를 하다가 넘어지거나 혹은 야구를 하는데 헛스윙을 해서 삼진아웃이 되는 것과 마찬가지일 뿐이다. 사람들은 그것을 단순한 실수로 볼 뿐이지, '저 육상선수의 인생은 실패했어', '저 야구선수의 인생은 실패했어'라고 말하지 않는다. 그 다음에도 기회는 얼마든지 있기 때문이다.

실패를 긍정적으로 받아들이면 걱정도 줄어든다

실패에 대한 전혀 다른 생각은 미래의 걱정에 대해 약간의 안도감을 주는 것은 물론이고 보다 강한 현실적인 돌파력을 가질 수 있도록 도와준다. '앞으로 내가 준비하거나 추진하고 있는 것들이 실패하면 어쩌지?'라는 막연한 불안과 걱정에서 벗어나 '실패하면 어때? 어쩌면 더 많은 실패를 해도 일어설 수 있어'라는 강한 의지를 만들어 낼 수 있기 때문이다. 그러면 보다 구체적으로 실패를 성공의 징검다리로 생각하고 그것을 긍정적으로 받아들이기 위해서는 어떤 자세가 필요할까. 미국의 유명한 발명가인 찰스 케터링은 '실패를 지혜롭게 이용하는 법'에 대해서 다음과 같이 이야기했다.

■ 실패는 정직하게 맞이해야 한다. 실패를 성공으로 위장해서는 안 된다. 돌이켜 생각해 보면 많은 사람들이 실패에 대해 정직하지 않은 태도

를 가지고 있다. 실패가 주는 자존심의 상처가 우려되는 나머지 그것을 다른 형태의 성공으로 위장하는 것이다. 특히 타인들이 '실패'라고 규정을 지어도 억지로 부정하려고 하거나 부분적인 성공의 요소를 과장해서 실패의 흔적을 지우려고 하기도 한다. 물론 자기위안의 측면에서는 약간의 긍정적인 면도 있겠지만 오로지 자존심의 상처를 받지 않기 위해서 이렇게 생각한다면 문제라고 할 수 있다.

만약 우리가 실패를 계속하는데 이런 식으로 거부하고 이를 다른 것으로 위장하게 되면 실패가 주는 진정한 교훈을 찾지 못하고 다음번에 또다시 실패하는 길을 스스로 만들기 때문이다. 자신이 한 실패를 솔직담백하고 정직하게 받아들일 수 있을 때, 우리는 실패로부터 벗어나 성공으로 가는 길을 찾을 수 있다.

■ 실패를 포기의 명분으로 삼지 마라. 그렇다면 다음의 기회는 없다.

사실 무엇인가에 도전한다는 것은 상당한 리스크를 안게 되는 것이라고 할 수 있다. 만약 도전이 성공적으로 이루어지지 않았을 때 자신이 경제적인 손실을 입는다든지, 혹은 주변으로부터 신뢰를 잃는 것을 감수해야 하기 때문이다. 그래서 사람들은 심리적 위축감, 혹은 리스크에 대한 걱정 때문에 제대로 도전이 시작되기도 전에 발생한 '사소한 실패' 따위를 명분으로 도전 자체를 포기하기도 한다. 하지만 도전에 앞서 포기를 하는 습관이 생기게 되면 이 역시 자신의 미래를 변화시키는 실천력을 만들어내지 못한다. 그리고 이러한 습관이 점점 더 지속됨으로써 또 다른 걱정거리를 만들어낼 뿐이다.

■ 실패를 실패로 끝내지 마라. 그 안에 또 다른 기회가 있다.

우리는 상당수 실패를 덮으려는 경향을 보인다. 실패는 부끄러운 것이니 드러내서는 안 된다고 생각하는 것이다. 하지만 그렇게 한다면 실패는 무의미해질 뿐이다. 그간에 투자되었던 시간과 노력, 돈 역시 어떤 의미와 가치도 가지지 못한 채 그저 허망하게 사그라질 뿐이다. 우리는 그런 것들이 아까워서라도 실패를 결코 덮어두어서는 안된다.

때로는 아플 정도로 과거를 반성하고 그 안에서 무엇이 잘못되었는지, 왜 그렇게 일이 진행될 수밖에 없었는지를 파헤치고 연구해야 한다. 그래야만 자신이 걸어왔던 잘못된 길을 알게 되고, 실패를 통해서 새로운 길을 발견할 수 있기 때문이다.

로비오의 경영진들이 무려 51번의 실패를 견뎌낼 수 있었던 것은 그 실패의 과정을 성공으로 가는 아주 중요한 '경험의 연속'으로 여겼기 때문이다. 51번 실패했다는 것은 그만큼 더 노련해지고, 더 디테일해지고, 게임의 속성에 대한 고객들의 요구를 더 자세하게 알아나갔다는 것을 의미한다. 물론 그들도 그 과정에서 자신의 미래가 걱정이 됐을 수도 있을 것이다. 하지만 그러한 걱정도 '이제 한발 더 성공에 가까워 졌구나'라고 생각하며 이겨냈을 것이다. 그리고 자신의 실패를 분석하는 과정에서 점점 더 막강한 '게임제작자'가 되어 갔을 것이다. 실패는 당신을 약자로 만드는 것이 아니라 당신을 더욱 강자로 만들어줄 뿐이다.

걱정에 물들지 않는 **연습**

실패를 제대로 받아들이는 법

STEP 1

실패를 바라보는 가장 합리적이고 올바른 자세는 그 실패가 가지고 있는 또 다른 가능성의 기회를 엿보는 것이다. 실패했을 때 멈추면 정말로 실패가 되지만, 실패를 해도 멈추지 않는다면 그것은 성공으로 가는 과정일 뿐이다. 당신을 성공으로 이끌어주는 실패를 겪었다면 그 이상으로 기쁜 것도 없을 것이다.

STEP 2

내면적으로 실패를 과소평가하지도, 과장하지도 말고 그저 있는 그대로 받아들이는 것이 무척 중요하다. 실패를 왜곡하고 한쪽으로 치우쳐 생각하면 실패는 그저 낭비이고 무미한 것이 될 뿐이다.

❖

실패와 함께 가라. 그것은 늘 있을 수 있는 일이며, 당신이 할 일이라곤 그것으로부터 배우고 성장하면 그만이다. 세상에 그 누구도 실패를 해보지 않은 사람은 없다. 당신이 알고 있는 수많은 멘토들도 그랬고 심지어 인류의 지도자라고 불릴만한 사람들도 실패의 여정을 걸어왔다. 당신도 마찬가지일 뿐이며, 또한 실패를 할수록 그들과 닮아간다고 확신하면 된다.

복잡한 문제를
단어와 문장에
묶어 둔다는 것에 대해

사람의 생각이라는 것은 동시다발적이면서도 복합적으로 진행되는 특성을 가지고 있다. 순식간에 1,000년 전의 일과 오늘의 일을 비교할 수 있으며 단 하나의 단서로 수십 가지의 가능성을 예측해 내기도 한다. 어떻게 보면 빛의 속도만큼이나 빠른 것이 사람이 하는 생각의 속도이기도 하다.

문제는 이러한 생각의 특성이 걱정에도 고스란히 적용된다는 점이다. 걱정이 되는 특정한 사안이 동시다발적으로 생겨나고 서로 영향을 미치고 때로는 함께 섞이면서 말 그대로 쓰나미처럼 우리의 마음을 피폐하게 만들게 된다. 우리가 흔히 '마음이 복잡하다'라고 말하는 것은 바로 이런 현상을 두고 하는 말이기도 하다.

마음이 복잡하고 여러 가지 걱정이 한꺼번에 우리를 덮칠 때면 우리는 일종의 공포감 비슷한 것을 느끼게 된다. 뭔가 정확하게 알 수 없는 실체가 우리에게 다가올 때 느끼는 공포와 거의 비슷하다. 걱정으로 인한 공포감을 줄이는 방법으로는 어떤 것이 있을까?

첫 번째로는 걱정을 직접 종이에 적고 걱정의 성격을 명확하게 만드는 것이다. 적는다는 것은 우리의 마음과 생각을 단순히 글로 옮기는 것이 아니라 그 과정을 통해서 파편화되었던 것들이 종합되고, 엇비슷하게 생각되었던 것들이 명확하게 구분이 된다는 이야기다.

걱정이라는 것도 마찬가지이다. 자신이 현재 하고 있는 걱정들을 실제로 종이에 차분하게 적기 시작하면 생각보다 걱정의 대상이 명확해지고 또한 자신이 정말 해야 하는 고민인지, 그렇지 않으면 아무리 고민해봐야 부질없는 것인지를 알게 된다는 이야기다. 윈스턴 처칠 역시 자신의 고민과 걱정거리를 해결하는 방법을 이렇게 말하고 있다.

"고민을 깔끔하게 정리하는 방법은 종이에 적어보는 것이다. 무수한 걱정거리 가운데 반만이라도 써보면 도움이 된다. 여섯 가지를 적는다면 3분의 1은 사라질 것이다. 나머지 두 가지 정도는 저절로 해결된다. 그리고 나머지는 어떻게 할 수 있는 게 아니다. 그것을 내가 왜 걱정해야 하나?"

자신의 걱정을 종이에 적는다는 것은 두 가지 의미를 가지고 있다. 빛의 속도만큼 빠르게 이리저리 뛰는 걱정거리를 명확한 글과 문장에 묶어둠으로써 그것을 아주 객관적으로 볼 수 있게 해준다. 그리고 다음에 해야 할 일은 그렇게 객관화된 자신의 걱정을 '해결할 수 있는 것인가', 아니면 '해결할 수 없는 것인가'를 판단하는 일이다. 이렇게 해결의 가능성을 판단하는 것은 걱정에 물들지 않는 아주 중요한 방법론 중의 하나이다. 미국의 유명한 심리학자 웨인 다이어 역시 이렇게 말했다.

"자신이 통제할 수 없는 일에 대해 걱정하는 것은 이치에 맞지 않는다. 왜냐하면 걱정해봐야 소용없는 일이기 때문이다. 스스로 통제할 수 있는 일에 대해 걱정하는 것 또한 이치에 맞지 않는다. 왜냐하면 그 일은 이미 걱정할 필요가 없는 것이기 때문이다."

웨인 다이어의 심리적 처방은 처칠의 방법과 유사한 대목이 있다. 관건은 '그 걱정을 내가 통제할 수 있느냐, 없느냐'의 문제이다. 이렇게 걱정을 '통제'라는 관점에서 바라보는 것은 막연한 불안감을 떨치게 해주는 것은 물론이고 특정한 걱정에 대해 명확한 성격을 부여함으로써 그것을 어떻게 대할 것인지에 대한 나의 자세를 결정할 수 있도록 해준다. 결국 통제할 수 없다면 그것은 걱정으로서의 가치도 없어지는 것이고, 만약 통제할 수 있다면 통제하면 끝나는 일이다.

걱정에서 도망치는 비겁함

그런데 여기에서 또 하나 중요한 것은 과연 통제의 기준을 어디에 두느냐는 것이다. 이를 자칫 잘못 받아들이면 미래를 대처하는 능력을 주는 걱정의 긍정성까지 모조리 포기해버릴 수도 있기 때문이다. 그러니까 특정 사안에 대해서 '그건 내가 통제할 수 없는 일이야!'라고 선언해버리고 포기를 함으로써 걱정에서 너무 손쉽게 벗어나려고 할 수도 있다는 점이다. 실제 사람들은 고민의 정도에 따라서 다양한 방법론을 만들어 낼 수 있을 뿐만 아니라 노력의 여하에 따라서 통제할 수 없는 것처럼 보였던 일도 결국에 통제하는 경우가 수없이 많기 때문이다.

따라서 중요한 것은 '과연 내가 할 수 있는 통제의 기준은 무엇인가?'라는 점이다. 하지만 사람들에게 생길 수 있는 수만 가지 애매한 상황에서 특정한 통제의 기준을 정하는 것은 불가능에 가깝다. 따라서 이 부분에 대해서는 문제를 대하면서 스스로 진정성을 가지고 바라보는 방법 밖에 없다. 그러니까 자신이 너무 쉽게 포기함으로써 걱정을 놓아버리려고 하는 것은 아닌지, 그리고 자신의 능력을 의도적으로 과소평가하면서 고민의 늪에서 빠르게 해방되려고 하는 것은 아닌지를 바라봐야 한다. 이러한 과정이 절실하게 필요한 이유는 계속해서 어려운 일이 닥칠 때마다 포기하는 습관이 생기는 것을 방지하므로써 자기발전의 기회를 놓치지 않게 도와주기 때문이다. 포기를 하면서 걱정에서 벗어나는 것은 '걱정에 물들지 않는 연습'이 아니라 '걱정에서 도망치는 비겁함'일 수도 있기 때문이다.

걱정에 대한 공포감을 줄이는 두 번째 방법은 걱정을 '관찰'하는 일이다. 관찰은 자신의 마음을 안정시키고 대상을 파악하는데 상당히 도움을 준다. 우리가 갑자기 어두운 방에 들어가면 순간적으로 공포감을 느끼겠지만 가만히 손으로 주위를 더듬으면서 공간을 파악하기 시작하면 조금씩 긴장이 완화되는 것을 느낄 수 있다. 걱정에 대한 관찰도 마찬가지이다. 영국의 철학자 버트런드 러셀은 걱정의 공포감을 줄이는 방법에 대해 이렇게 이야기했다.

"문제와 걱정에 직면했을 때에는 최악의 경우에 어떤 일이 생길 것인지에 대해 진지하게 고민을 해볼 필요가 있다. 하지만 최악의 경우에서 천재지변은 제외시켜라. 그렇다면 아무리 최악의 경우라고 하더라도 한 개인에게 일어날 수 있는 일치고 그렇게 엄청나고 중대한 경우는 드물기 때문이다. 충분한 시간을 두고 최악의 가능성을 천천히 살펴보면 결국 그다지 엄청나고 중대한 일이 생기는 경우는 드물기 때문이다. 최악의 가능성이 그다지 대수로운 일이 아니라는 확신을 가지게 되면 근심과 걱정이 현저하게 줄어드는 것을 알 수 있다. 게다가 최악의 경우라도 이를 회피하지 않고 맞서겠다는 생각을 가진다면 근심 걱정이 거의 사라지고 유쾌한 기분으로 변하고 있는 자신을 발견할 수 있을 것이다."

관찰은 대상에 대한 보다 자세한 정보를 얻을 수 있도록 해주고, 심사숙고함으로써 처음에 가졌던 편견을 벗겨주는 역할을 한다.

걱정이 있다면, 그리고 그 걱정으로 인해 두려움이 생긴다면 그것을 종이에 적고, 계속해서 그 걱정을 생각해보자. 걱정에 매몰되지 말고 한걸음 뒤로 물러서서 그것을 바로 볼 수 있다면 한결 가벼워지는 당신의 마음을 느낄 수 있을 것이다.

걱정에 물들지 않는 **연습**

지금 당장 걱정을 반으로 줄이는 방법

STEP 1

걱정을 머리로만 생각하다보면 한계가 온다. 일단 종이와 펜을 꺼내들고 구체적으로 하나하나 적어보자. 이는 걱정을 객관화시키기 위해서 무엇보다 중요한 과정이다.

STEP 2

종이에 적힌 걱정거리를 바라보면서 그것이 정말로 내가 해결할 수 있는 것인지, 아니면 아무리 노력해도 나의 역량을 벗어나는 것인지를 판단해보자.

STEP 3

중요한 것은 이 과정에서 자신이 정말로 진정성을 가지고 있는지도 함께 반추해야 한다. 스스로 세운 기준이 걱정으로부터 도망치고 싶은 것인지, 아닌지를 스스로 확신하는 과정이 있어야 한다.

❖

걱정을 대상화시키고 그것을 통제와 다른 관점으로 바라보게 되면 이제 걱정거리는 상당부분 해결될 수밖에 없다. '통제할 수 있는 것'이라고 판단되면 더 이상 걱정하지 않고 문제의 해결에 뛰어들 수 있으며 '통제할 수 없는 것'이라고 판단되면 걱정에서 저 멀리 떨어지는 즐거움을 온전히 느낄 수 있을 것이다.

계획은
뭔가가 이뤄지지 않았을 때를
대비하는 힘

앞에서 우리들이 늘 세우는 '계획'이 가지고 있는 단점을 살펴봤다. 언제나 변수가 생기기 때문에 어떤 일이 우리가 계획한대로 되지만은 않는다는 것이었다. 그래서 노력은 하되 그 결과에 대해서까지 통제하고 싶다는 욕구를 버려야 한다고 했다. 그런데 이쯤에서 계획에 대해서 한 번 더 생각을 해봐야 할 필요가 있다.

흔히 계획이란 것은 '무엇인가를 이뤄내기 위한 것'이라고 생각하지만, 또 다른 한편에서는 계획이란 '무엇인가 이뤄지지 않았을 때 어떻게 할 것인가'를 미리 준비하는 과정이기도 하다. 이 둘은 엇비슷해 보일 수도 있지만, 계획에 대한 근본적인 시각의 차이가 있는 것이 사실이다. 계획이 가지고 있는 이러한 양면적인 성격을 파악할 수 있을 때 우리는 계획이 이뤄지지 않을 것에 대한 걱정에서 벗어나 좀 더 치밀하게 변수에 대비할 수 있을 것이다.

끊임없이 '플랜 Z'까지 세워야 하는 이유

사람들이 하는 여러 가지 활동 중에서도 계획의 중요성이 가장 많이 강조되는 것이 바로 사업일 것이다. 사업계획서가 있어야 사업을 시작하는 것은 물론, 분기별 계획서, 연간 매출 계획서는 물론 인건비 절감 계획서 등 수도 없이 많은 계획이 세워지는 것이 바로 사업의 세계이다. 그런데 이와 비슷하게 변수의 가능성이 가장 많은 것 역시 사업의 세계다.

한마디로 사업의 세계는 '가장 집중적으로 계획을 세우고, 그 계획에 의지하지만 그것이 무너질 가능성 또한 가장 높은 세계'라고 정의해도 과언이 아니다. 하지만 이러한 변수의 가능성이 많다고 하더라도 결코 계획이라는 행동의 중요성이 떨어지지는 않는다. 그런데 재미있는 사실은 또한 이 사업의 세계에서 가장 많은 '걱정'들이 생겨난다는 것이다. 자신이 가진 돈과 역량을 최대한 쏟아 붓는 만큼 성공과 실패에 대한 걱정이 당연히 많을 수밖에 없을 것이다. 그렇다면 이 사업의 세계는 '걱정-계획-변수'라는 이 세 가지를 모두 갖췄다는 점에서 매우 중요하게 살펴봐야할 부분이 아닐 수 없다.

그런데 이 치열한 사업의 세계에서조차도 걱정에서 다소 멀어질 수 있는 방법을 제시하는 전문가가 있다. 미국의 창업 전문가인 랜디 코미사는 '걱정 같은 것은 하지 말고 계속해서 수정하고 또다시 대안을 세워라'고 말한다. 그는 하버드대 로스쿨 출신의 변호사이자 애플에 스카우트되어 비즈니스맨으로 변신한 이력을 가지고 있다. 90년대 초반 업계 5위에 머물던 한 컴퓨터 게임 기업에 영입되어 취임 1년 반 만에 선두 업체로 끌어올린 경험도 있다. 뿐만 아니라 그는 수없이 많은 사업가들을 만나면서 결국 '사업에서 걱정을 없애는 것은 끊임없는 계획과 대안뿐이다'라는 철학을 가지게 됐다.

어떻게 보면 우리의 인생 자체도 사업이라는 것과 꼭 닮아있다. 정기적인 '매출'이 있어야 하고, 생활비라는 '원가'가 있고 거기에 저축을 할 수 있는 '이익'이 있어야 하기 때문이다. 인생 자체가 이미 하나의 '경영'이라고 해도 과언이 아닌 셈이다. 그렇다면 우리의 인생을 대할 때 걱정을 줄이는 방법 역시 똑같을 수밖에 없다. 바로 '끊임없이 계획과 대안'이 우리를 안정적으로 만들어주고 걱정으로부터 멀어지게 만든다는 이야기다. 랜디 코미사는 한 언론과의 인터뷰에서 이렇게 이야기했다.

"실패의 걱정에서 벗어나 성공을 하기 위해서는 끊임없이 플랜B를 만들어야 한다. 그런데 이 플랜B는 한 번에 그치면 안 된다. 상황에 맞춰서 플랜C, 플랜D, 그리고 플랜Z까지 계속해서 만들어가야 한다. 성공하는 모든 기업들의 공통점은 바로 이것이다."

계획은 최소 3개 이상이어야 한다

일반적으로 우리가 계획을 세울 때를 한번 떠올려보자. 물론 모든 상황을 고려해서 최대한 실현가능한 계획을 짤 것이다. 그런데 우리는 그 계획이 이루어지지 않았을 때, 즉 나의 생각대로 진행되지 않았을 때를 대비한 또 하나의 계획, 플랜B를 동시에 짜는 일에는 익숙하지 않다. 플랜B도 잘 짜지 않는 상황에서 플랜C, 플랜D, 플랜E를 짠다는 것은 거의 불가능에 가깝다. 그래서 우리가 세우는 계획들은 거의 다 한 가지 뿐이며, 그것이 이루어지지 않았을 때에 '계획대로 되지 않았다'라고 말하곤 한다. 하지만 계획대로 되지 않은 것이 아니라 '계획이 바뀌었을 때를 대비한 또 다른 계획을 짜지 않았다'라는 것에 불과하다. 어떤 사안에 대해서 하나의 계획만을 믿고 의지한다는 것은 절벽 사이를 넘어갈 때 단 하나의 다리에만 의존하겠다는 것이나 마찬가지의 일이다.

앞에서 계획이라는 것이 '무엇인가를 이뤄내기 위한 것'을 넘어 '무엇인가 이뤄지지 않았을 때를 위해 대비하는 것'이라는 이야기를 했다. 이는 플랜A만 짤 것인가, 아니면 또 다른 변수를 대비해 지속적으로 플랜B, 플랜C, 플랜D를 짤 것인가의 문제이기도 하다. 이렇게 다양한 플랜들을 준비해 놓으면 비록 애초의 계획과는 달라질 수 있어도 계속적으로 변수에 대응하고 길을 수정하면서 점점 자신이 세운 애초의 목표에 다가설 수 있다. 사업에서는 이러한 방식을 바로 '지그재그식 성공'이라고 일컫는다.

상당수의 리더들은 완벽한 선택을 위해 시간을 끌거나 망설이지 않고 일단 결단력 있게 자신이 원하는 방향을 설정하고 출발을 한다. 그들은 결코 자신의 생각이 곧바로 실현된다고 생각하지는 않기 때문이다. 따라서 그들이 목표를 향해 전진해 나가는 방식은 늘 지그재그식이다. 비록 남들이 볼 때에는 계획이 왔다 갔다 하는 것처럼 보일 수도 있지만 수많은 수정 과정을 거치면서 궁극적으로는 목표를 향해 진전하고 있다는 이야기다. 치열한 사업의 세계에서도 베테랑 CEO들조차 자신의 목표를 향해 '지그재그식' 행보를 보이는데, 일반인들이 단 하나의 계획으로 목표를 이룰 수 있다고 생각하거나 혹은 그것이 이루어지지 않았을 때 '계획대로 되지 않았다'고 포기하는 일은 만용에 가깝다고 할 수 있다.

따라서 우리는 계획에 대한 걱정을 하기 보다는 최소 3~4개의 변수에 대한 대안을 미리 가지고 있어야 한다. 그래야 상황이 어떻게 돌아가든 재빠르게 대안을 마련할 수 있고 당황하거나 걱정하는 일이 줄어기 때문이다. 어떻게 보면 우리가 하는 '계획'이라는 것은 '~을 하겠다'는 것이 아니라 '~이 안됐을 때 어떻게 할 것인가'를 미리 사전연습해보는 것이라고 말해야 더욱 옳을 것이다.

걱정에 물들지 않는 **연습**

마음의 짐을 더는 방법

STEP 1

계획에 대한 개념을 다시 정리해볼 필요가 있다. 큰 목표를 잘게 쪼개는 것도 계획이겠지만, 보다 중요한 것은 그 목표를 이뤄나가는데 있어서 변수를 어떻게 통제하느냐이다.

STEP 2

통제할 수 없는 것이기에 '변수'라고 말하지만, 중요한 것은 제2, 제3, 제4의 대안을 가지고 있다면 당황스럽거나 걱정스러운 일은 충분히 줄일 수 있는 것이 사실이다.

STEP 3

변수에 대한 대책을 가지고 있다는 것은 마치 상대방과 싸울 때 다양한 무기를 가지고 있는 것과 마찬가지다. 창이 안되면, 총으로, 총이 안되면 칼로 싸우겠다는 준비를 하고 싸움터에 나가면 오로지 창 하나만 가지고 맞서는 것보다는 훨씬 마음이 든든할 것이다.

계획을 세울 때는 끊임없이 스스로에게 자문을 해야 한다. '이게 안됐을 때?'라는 생각을 계획의 문장과 문장 사이에 끼워 넣으면서 지속적으로 변수를 통제하고, 또 다른 무기를 준비해보자.

자신에 대한
과대평가를 통한
비전 키우기

우리는 자라오면서 자신에 대한 과소평가도 하지 말고 과대평가도 하지 말라고 배워왔다. 지나치게 과소평가 하게 되면 자신의 능력을 제대로 볼 수 없고, 반대로 과대평가 하게 되면 오만해지기 때문에 안 된다는 것이다. 자신의 현재 상태와 능력을 '적합하게' 판단하라는 이야기다. 그런데 가만히 생각해보면 과연 자기 자신에 대해서 '적합하게' 판단하는 일이 가능할까? 특정한 물건이라면 무게를 달아볼 수도 있고 크기를 잴 수도 있으며 다양한 기구를 통해 내용물을 파악할 수도 있다. 따라서 '적합하게' 판단할 수 있다. 그런데 과연 눈에 보이지 않는 잠재력을 가지고 있는 사람이라는 존재를 어떻게 '적합하게' 판단할 수 있는 것일까? 이 문제 역시 우리가 걱정에 물들지 않는 길과 매우 큰 관련이 있다. 결론부터 말하면 스스로를 과대평가하는 것이 걱정에서 멀어지는 더욱 빠르고 현명한 길이라는 이야기다.

자기 자신에 대한 기대, 어느 정도인가?

'사람의 잠재력은 무한하다'라는 말을 들어봤을 것이다. 지금 현재의 상황이 어떤 것인지 상관없이 내면에 있는 잠재력을 키워나가면 지금보다 훨씬 더 크고 훌륭한 존재가 될 수 있다는 이야기다. 이 말에 비춰봤을 때에 과소평가니, 과대평가니, 혹은 적합한 평가라는 것은 옳은 말이 아니라고 볼 수 있다. 평가를 일컫는 말들에게는 사람이 변하지 않는다는 전제가 있고, 지금의 상태가 미래에도 계속될 것이라는 잘못된 생각이 깔려 있기 때문이다. 그런데 더욱 큰 문제는 사람은 대부분 스스로 평가하는 자기 자신 이상으로 멀리 나아가지는 못한다는 사실이다. 자신이 짓는 한계에 따라서 살 뿐이고, 자신이 정한 틀을 깨기가 무척 힘들다는 점이다. '송충이는 솔잎만 먹고 살아야 한다'라고 생각하는 송충이는 평생 솔잎 밖에 못 먹는 것은 너무도 당연한 일이다.

자기계발 컨설턴트이자 국내에서도 인기를 얻었던 〈영혼을 위한 닭고기 수프〉의 공저자이기도 한 글렌 밴 에커렌은 이런 이야기를 한 적이 있었다.

"사람은 자신의 기대 수준 너머로는 날아오르지 않습니다. 자신에 대해 아무것도 기대하지 않거나, 기대하더라도 그 기대가 아주 작다면 당신이 아무런 발전을 하지 못하더라도 그건 당연한 결과이니 조금도 놀라지 마십시오."

결국 자신의 능력에 대한 과소평가, 그리고 그것으로 이어지는 낮은 기대수준은 자신의 발전을 저해하는 매우 중요한 요소라는 이야기다. 그런데 이러한 과소평가는 걱정과도 깊은 연관을 맺고 있다. '내가 그걸 하기는 힘들어', '내가 어떻게 저런 사람이 될 수 있겠어?', '나는 내가 가진 능력을 알아'라고 말하는 사람은 현실돌파력이 현저하게 낮기 때문에 걱정을 넘어설 수 있는 용기와 힘을 가지지 못하고 결국에는 계속해서 걱정이라는 감옥에 갇혀서 살게 될 뿐이라는 이야기다.

소프트뱅크 손정의의 과대평가

우리는 이렇게 스스로의 감옥을 뚫고 나온 사람, 특히나 '과대평가'를 통해 자신의 기대수준을 훨씬 높이고 성공한 경우를 바로 손정의 소프트뱅크 회장의 이야기로부터 찾아볼 수 있다. 그가 처음 사업을 위해 사무실을 얻었을 때, 그곳은 에어컨도 없는 허름한 건물 2층이었다. 당시 그는 2명의 직원을 고용한 후 그들에게 이렇게 연설을 했다.

> "우리 회사는 전 세계의 디지털 혁명을 일으킬 것이다. 30년
> 후에는 두부가게에서 마치 두부가 팔린 가격을 세듯이 10조,
> 20조원의 단위로 돈을 셀 수 있을 것이다. 사업을 하겠다는
> 사람이 고작 1천억이나 5천억이니 하는 걸 숫자라고 부를 수
> 는 없는 노릇이 아닌가!"

당시 손 회장의 연설을 들었던 창업 초기의 직원들은 그를 '과대망
상증 환자'가 아닌가 의심할 정도였다고 한다. 손 회장은 그만큼 자신
에 대해서 '과대평가'를 했었던 것이다. 물론 이러한 손 회장의 이야기
를 '극히 일부의 사례'라고 평할 수도 있을 것이다. 하지만 정작 중요
한 것은 그것이 극소수의 사례이든, 극다수의 사례이든 그것이 현실에
서 일어났느냐 아니냐의 문제일 뿐이다. 손정의는 자신의 과대평가가
어떠한 결과로 나타났는지를 보여줬고, 누군가는 또 그렇게 할 수 있
다는 증명을 해주었다고 볼 수 있다.

아일랜드의 극작가 조지 버나드 쇼는 '삶은 나를 찾는 과정이 아니
다. 나를 창조하는 과정이다'라는 말을 했다. 결국 자신의 모습을 얼마
나 크게 그리느냐에 따라 미래의 나의 모습이 결정될 가능성도 높다
는 의미이다. 그런 점에서 이러한 '과대평가'는 '과소평가'보다 훨씬 더

우리의 삶에 유용하다는 의미이다.

반면 자신을 과소평가하는 사람들은 점점 작아지는 자신감과 용기를 경험하게 되고, 이는 희망 역시 작아지게 만든다. 희망이 줄어들면, 걱정이 많아지게 마련이다. 반면 희망이 많은 사람들은 그나마 희망을 통해서라도 지금의 걱정을 덮어나가며 스스로를 발전시킬 힘을 가질 수 있다.

걱정에 물들지 않는 **연습**

자신을 과대평가하기 위해서는?

STEP 1

사실 과대평가니, 과소평가니 하는 말은 큰 의미가 없다고 해도 과언이 아니다. 사실 애초에 그것은 '적합한 평가'가 불가능하기 때문이다. 기준이 없는 것을 두고 기준으로 이야기하는 것은 논리적인 모순일 뿐이다.

STEP 2

스스로에 대한 과대평가를 할 때 주의할 것은 그것이 스스로의 생각일 뿐이지 타인에게 강요하거나 일상적으로 드러내서는 안 된다는 점이다. 이는 인간관계에 악영향을 미칠 수 있기 때문이다.

주저 없이 자신을 과대평가해보자. 지금 하고 있는 것보다 훨씬 잘해낼 수 있으며, 이제까지 해왔던 것은 아무것도 아니라고 말해보자. 그렇게 한다면 지금 자신이 하고 있는 소소한 걱정거리들이 무척 작아 보이는 경험을 하게 될 것이다.

더 큰 걱정을
막기 위한
후회의 손절매

· · ·

후회라는 것과 걱정이라는 것은 다소 다른 형태의 감정처럼 보인다. 후회는 과거의 지난 일에 대한 안타까움이지만 걱정은 미래에 대한 불안함이기 때문이다. 뿐만 아니라 전자는 이미 일어난 일이고, 후자는 아직 일어나지 않은 일이라는 점도 다른 부분이다. 그런데 후회와 걱정은 꽤 닮은 구석이 있을 뿐만 아니라 본질적인 맥락에서도 서로 연결이 되어 있다.

두 가지 감정 모두 사람의 심리상태를 불안정하게 만드는 것은 물론이거니와 '과거의 잘못'과 '미래의 걱정'은 동일선상에 있기 때문에 실제로는 하나로 연결된 두 가지 다른 형태의 감정일 뿐이다. 과거에 했던 잘못이 미래에도 영향을 미치는 경우는 얼마든지 있다. 따라서 후회에서 벗어나지 못하는 한, 걱정에서도 벗어나지 못할 가능성은 매우 크다고 할 수 있다. 그렇다면 이제 후회에 대처하는 나름의 방법이 필요한 것이 사실이다.

후회를 손절매할 필요가 있다

후회는 인간의 능력 중에서도 꽤 중요한 것 중의 하나라고 할 수 있다. 후회를 하지 않는 사람은 과거가 주는 교훈을 자신의 것으로 만들지 못할 뿐만 아니라 지속적으로 동일한 잘못을 답습함으로써 발전적인 삶을 살아갈 가능성도 낮게 만들기 때문이다. 하지만 후회가 지나치면 우리의 일상적인 행복을 방해하게 된다. 과거의 잘못된 행동들이 지속적이고 반복적으로 떠올라 현재의 자신을 괴롭히는 경우가 가장 대표적이다. 물론 충격적인 사건일수록 이러한 현상이 지속되기는 하지만, 과거에 대한 후회에 사로잡히게 되면 긍정적인 미래를 향한 도전도 영향을 받게 마련이다. 그렇다면 후회에 대처하는 우리의 자세는 어떤 것이어야 할까.

주식투자 기법 중에 '손절매(로스컷, Loss Cut)'라는 것이 있다. 자신이 손해를 보면서도 주식을 파는 것을 말한다. 어떻게 보면 이것이 무슨 투자 기법이냐라고 생각할 수도 있지만 정론을 펼치는 주식투자이론일수록 이 손절매의 중요성을 강조할 뿐만 아니라 '가장 중요한 매매 기법 중 하나'라고 말한다.

손절매 기법은 전혀 복잡한 것이 아니다. 자신이 샀던 주식이 점점 떨어지기 시작할 때, 대략 7% 이하로 떨어진다 싶으면 아무리 큰 손해를 보더라도 단호하게 그 주식을 팔아버리는 것이다. 앞으로 더 큰 손해를 막기 위한 과감한 조치이다. 만약 손절매를 하지 않고 계속해서 상황을 방치하면 그것은 마치 '브레이크 없는 자동차'를 타는 것과 마찬가지이다. 파국이 뻔히 예상된다는 이야기다. 흔히 '주식투자 9단'이라고 불리는 사람들일수록 아주 과감하고 단호하게 손절매를 한다. 이는 곧 손절매가 주식의 운용에 있어서 얼마나 중요한지를 잘 알려 준다고 할 수 있다. 더 이상 손해의 기회를 막아 또 다른 투자의 기회를 확보하여 장기적인 투자를 가능하게 하고 때로는 더 큰 이익의 기회를 창출하는 사전작업이기 때문이다.

그렇다면 사람들은 왜 손절매를 하지 못하는 것일까? 물론 외형적인 답은 간단해 보인다. 처음에 투자했던 자신의 원금을 까먹기 때문이다. 사람들은 원금 손해를 일러 '살점이 떨어져 나가는 듯한 기분'이라고까지 말한다. 하지만 사람들이 손절매를 하지 못하는 근본적인 이유는 따로 있다. 그것은 '자신의 주식이 최고점이었을 때의 기분'을 잊지 못하기 때문이다. 그러다 보니 다시 그 기분으로 돌아갈 수 있다는 막연하고 근거 없는 희망을 품은 채 손절매를 하지 못하는 것이다.

가장 빠르고 효율적으로 하는 후회 손절매

우리의 삶을 주식 투자에 비유한다면 '원금의 손실'은 곧 '과거의 잘 못'과 비슷하고 이는 곧 후회라는 감정을 낳게 된다. 이 둘은 절대로 돌이킬 수 없고, 자신이 원한다고 상황을 바꾸지도 못한다는 공통점을 가지고 있다.

그렇다면 주식투자에서 과감하게 손절매를 하듯, 우리도 과거의 잘 못에 대한 후회를 손절매 해야 한다. 손해 본 원금이 아무리 아까워도 그것이 원상회복 되지 않듯이, 한번 저지른 과거의 잘못은 아무리 반복적으로 생각해도 변하지 않기 때문이다. 무엇이 잘못되었는지를 일단 파악하고 뭔가 교훈을 얻었다면 가장 빠르게 후회를 손절매하는 것이 최선의 길일 수밖에 없다. 그런데 여기에서 중요한 것은 후회에 대한 손절매를 '가차 없고 냉정하게'해야 한다는 사실이다.

실제 주식투자에 관한 여러 권의 베스트셀러를 출간했을 뿐만 아니라 500개 이상의 투자기관에 주식투자 관련 서비스를 제공하고 있는 '윌리엄오닐컴퍼니'의 윌리엄 J. 오닐도 이러한 손절매를 주요 투자 기법으로 활용하고 있다. 그는 매입 가격으로부터 최대 7%가 떨어지면 주식을 파는 것을 원칙으로 삼고 있다. 그런데 여기에서 중요한 것은 오늘은 한번 손절매를 할 때에는 어떤 주식이든 '무조건 팔아치우고', '절대로 다시 그것에 대해 생각하지 않고', '단 한순간도 주저하지 않는다'고 한다. 손절매에 관한한 피도 눈물도 없는 냉혈한처럼 행동한다는 이야기다.

사실 우리가 후회를 대하는 자세도 이와 같아야 한다. 일정한 교훈을 얻었다면, 그래서 그것으로부터 자신의 행동을 바꾸겠다는 의지를 한번 가진 이상 '무조건, 단 한순간도 주저하지 않고, 그리고 절대로 그것에 대해 다시 생각하지 않아야' 한다는 점이다.

후회에 대해서 이렇게 냉정한 태도를 가지는 것은 앞에서도 말했지만 그 후회가 미래의 걱정으로 이어지지 않기 위한 것이다. 후회에 사로잡혀 있는 한, 우리는 지속적으로 자책하기 마련이고, 이러한 자책은 자신감을 잃게 만든다. 자신감이 없어진 사람은 자신에게 주어진 기회를 잘 활용하는 것도 힘들고, 그렇다면 결국 미래를 긍정적으로 만들어갈 가능성도 낮아지게 된다.

우리에게 소중한 것은 지난 과거보다 앞으로의 미래이다. 과거의 상처에서 벗어나는 것은 미래를 더욱 밝게 만들어나가는 것과 같은 말이나 다름없다.

걱정에 물들지 않는 **연습**

후회의 손절매를 어떻게 해야 하는가?

STEP 1

우리의 기억은 아주 견고해서 잊고 싶다고 바로 잊혀지는 것이 아니다. 따라서 과거의 잘못을 잊고 손절매하기 위해서는 과거의 문제에 대해 새로운 태도를 가질 필요가 있다.

STEP 2

과거의 잘못에 대해 무조건 부정적인 태도만 갖지 말고 그 안에서 자신이 얻어낼 수 있었던 긍정적인 면, 혹은 조금이라도 현재에 좋은 영향을 미친 것을 찾아보자.

STEP 3

과거의 잘못이 떠오를 때마다 '그것 때문에 지금 내가 좋아진 것도 있어'라고 지속적으로 생각하자. 그러면 다소 마음의 위안을 받을 수 있고 조금씩 과거의 잘못들과 이별할 수 있을 것이다.

무엇보다 중요한 것은 과거보다 훨씬 중요한 것이 바로 자신의 미래라는 점을 확신하는 것이다. 과거에 의해 미래가 침범당하지 않겠다고 마음먹는 것, 그리고 그것을 위해 노력하는 것이 가장 효과적인 '후회의 손절매'를 위한 방법이다.

돈 걱정에서 자유로워지기 위해서 - (1)

- 욕망을 줄이면 행복해진다

세상 사람들이 하는 가장 많은 걱정 중의 하나가 바로 '돈 걱정'일 것이다. 특히 돈은 아주 명확한 현실이기 때문에 생각과 마음만으로 해결될 수 있는 것이 아니다. 뿐만 아니라 돈은 매달 들어오고 나가는 것이 딱 정해져 있기 때문에 한 순간도 방심할 수 없다. 어쩌면 우리의 인생에서 돈에 대한 걱정만 없어진다고 하더라도 삶의 질은 훨씬 높아질 수 있을 것이다. 그래서 많은 사람들은 '돈이 많으면 돈 걱정 없이 행복해질 수 있을 것이다'라고 생각한다. 하지만 전문가들은 전혀 다른 조언을 한다. 돈이 많다고 해서 돈 걱정이 없어지지도 않고 행복해지지도 않는다는 것이다. 그 이유는 무엇일까?

돈과 사회 구조의 문제

우리가 돈 걱정에 대한 이야기를 본격적으로 하기 전에 먼저 짚고 넘어가야 할 것이 있다. 그것은 돈과 사회 구조의 문제에 대한 이야기다. 실제로 한 사회에서 돈의 배분은 사회적인 구조와 깊은 연관을 맺고 있다. 즉 사회의 변화와 흐름에 따라서 자신이 원치 않는 파산을 하는 경우도 있고, 또 불합리한 구조 때문에 어쩔 수 없이 가난해지는 사람도 많다. 제 아무리 스스로 노력해도 희망이 보이지 않고 늘 불안한 삶을 살아가는 사람들이 얼마든지 있을 수 있다는 이야기다. 특히 자신의 월급이 최저 생계비에도 미치지 못한다면 정상적인 사회 구성원으로 살아가기가 쉽지 않은 것은 사실이다.

안타까운 점은 이런 문제는 개인이 해결하기 쉽지 않고 또 노력한다고 되는 일이 아닐 수도 있다. 하지만 이런 사람들이라고 하더라도 늘 돈 걱정에만 휩싸여 살 수는 없는 노릇이다. 따라서 '돈의 문제는 사회적인 문제이다'라는 관점을 가진다고 하더라도 스스로의 힘으로 돈 걱정에서 멀어지려는 노력은 반드시 해야 한다는 점이다. 이는 곧 돈의 문제를 사회의 탓으로만 돌리지 말고 자신이 할 수 있는 한에서 최대한 돈 걱정을 이겨나가기 위한 노력이 필요하다는 의미이다. 특히 삶의 목적이 '돈을 많이 버는 것'이 아니라 '행복하기 위한 것'이라고 생각한다면 더더욱 이런 노력을 기울여야 할 것이다.

그렇다면 왜 돈이 많아도 행복해질 수 없는 것일까?

1970년도에 노벨경제학상을 수상한 MIT 대학 폴 새무엘슨 교수는 이른바 '행복지수 공식'이라는 것을 만들었다. 그것은 바로 '행복은 소비를 욕망으로 나눈 것'이라는 공식이다.

$$행복 = \frac{소비}{욕망}$$

욕망이 100인데 소비도 100을 할 수 있으면 행복지수는 0이다. 예를 들어 내가 현재 사고 싶은 신발이 10만원 짜리인데, 나에게 10만원이 있어서 그것을 살 수 있다면 행복하지도, 불행하지도 않은 상태이다. 그런데 반대로 내가 사고 싶은 신발이 10만원인데, 내가 현재 가지고 있는 돈이 1000만원이라고 하면 행복지수는 10이 된다. 아주 행복한 상태라는 이야기다.

결론적으로 돈이 많으면 행복해질 수 있다는 이야기다. 그런데 문제는 사람들의 소비라는 것이 무한정 늘어날 수 없다는 점이다. 아무리 돈이 많아도 하루에 10끼의 식사를 할 수도 없는 노릇이고 하룻밤에 2~3채의 집을 옮겨가며 잠을 잘 수도 없다. 결국 이렇게 한정된 소비력 때문에 일정 이상의 소비력에 다다르면 더 이상 행복지수가 높아지지 않는다는 것이다.

욕망을 줄이면 행복해진다

이러한 공식을 증명하는 국내의 한 전문가 집단이 한 설문조사도 있다. 한국인의 경우, 조사에 의하면 평균적으로 월수입 400만원 정도까지는 돈을 벌수록 더 행복해지지만 그 이상의 경우에는 오히려 거꾸로 더 불행하다고 느끼는 경우도 생긴다고 한다. 특히 500만원 버는 사람이 700만원을 벌기 시작하면 금세 행복하다고 느낄 수 있지만 사실 이 역시도 시간이 좀 지나면 평소의 행복지수로 돌아간다. 마찬가지로 700만원을 버는 사람이 1500만원을 벌기 시작하면 그 순간만큼은 상당한 행복감을 느끼겠지만 역시 어느 정도 시간이 지나면 마찬가지의 상태가 된다. 또 다른 예를 들어보면, '고시패스'를 하는 경우에도 그 순간에는 기쁨이 무한정일 것 같지만, 1년이 지나고 2년이 지나면 그저 하나의 추억일 뿐, 늘 똑같은 기쁨을 줄 수는 없다는 점이다.

결국 '돈이 많으면 더 행복해질 것이다'라는 것은 상대적으로 돈이 많지 않은 '지금 현재의 생각'일 뿐이라는 이야기다. 현재 100만원을 벌고 있을 때의 '더 많은 돈을 벌고 싶다'는 생각과 현재 500만원 벌고 있을 때의 '더 많은 돈을 벌고 싶다'는 생각의 강도는 크게 다르지 않다고 할 수 있다. 당신보다 훨씬 돈이 많은 사람들도 끊임없이 '더 많은 돈을 벌고 싶다'는 생각을 하고 있을 뿐이다. 그렇다면 사람은 얼마를 벌든 간에 '더 많은 돈을 벌면 더 행복해질 것이다'라고 생각하고 늘 그러한 '돈이 많은 상태'를 원하게 된다는 이야기다. 하지만 평생 이런 생각을 하고 지내야 한다는 것은 악몽과 다를 바 없다. 늘 더 많은 돈을 원하고, 거기에 돈에 대한 걱정까지 곁들여진다면 우리의 삶은 그다지 행복해지지 않을 것이기 때문이다.

그렇다면 여기에서 벗어날 수 있는 방법은 없을까? 앞서 살펴봤던 폴 새무엘슨 교수의 행복지수 공식에 그 답이 있다.

$$행복 = \frac{소비}{욕망}$$

위의 공식에서는 소비를 늘려도 행복지수가 높아지지만, 반대로 욕망을 줄여도 행복지수는 똑같이 늘어난다. 10만원 짜리 신발을 사고 싶은데 1000만원이 있으면 행복지수는 10이라고 했다. 반대로 1만원 짜리 신발을 사고 싶은데 100만원이 있어도 역시 행복지수는 10이 된다. 후자가 가진 돈은 훨씬 적지만 실제로 느끼는 행복감 자체는 동일하다. 결국 소비를 늘려 행복을 찾는 것이 아니라 욕망을 줄여 행복을 찾으면 되는 것이다. 우리가 이러한 방법으로 행복을 찾으려고 하면 '돈을 더 많이 벌고 싶다'는 생각에 시달리지 않아도 되고 소비가 줄어들기 때문에 돈 걱정에서도 멀어질 수 있다는 장점이 있다.

걱정에 물들지 않는 **연습**

⋮

욕망을 줄이는 방법

STEP 1

당신에게는 두 가지의 선택이 있다. 돈이 많아져도 행복하지만, 욕망을 줄여도 행복해진다. 무엇을 선택해도 행복지수는 상승할 수 있다. 하지만 돈이 많아졌을 때 느낄 수 있는 행복감은 일시적일 뿐만 아니라 무한정 늘어나지도 않는다.

STEP 2

돈을 많이 벌기도 쉽지 않을뿐더러, 더 많은 돈을 벌기 위해서는 더 고된 노동과 더 많은 스트레스를 받아야 하는 것도 사실이다. 돈은 많이 벌 수 있을지 몰라도 육체적인 괴로움이 늘어날 가능성이 높다는 이야기다.

욕망을 줄이는 방법은 육체적으로도 힘들지 않고, 정신적 스트레스도 덜 받을 뿐만 아니라 지금 현재의 수입으로도 얼마든지 가능한 방법이다. 이는 자기발전을 포기하라는 의미가 아니다. 과도한 욕망에 시달리며 스스로를 괴롭게 만들거나, 평생 동안 '많은 돈을 벌고 싶다'는 악몽에 시달리지 않기 위한 훨씬 현명한 방법이라고 할 수 있다.

돈 걱정에서 자유로워지기 위해서 - (2)

- 돈을 관리하는 습관을 만든다

영국의 심리학자이자 정신병리학자인 로저 핸더슨 박사는 '돈 걱정 증후군'에 대한 이론을 발표한 적이 있다. 그가 말하는 돈 걱정 증후군은 '돈에 대한 걱정 때문에 스트레스를 받는 사람들에게서 나타나는 정신적이고 신체적인 증상'들을 말한다. 두통이 있거나 구역질, 식욕부진, 이유 없는 분노, 신경질, 부정적인 생각, 발진 등이 나타난다는 것이다.

문제는 돈 걱정 증후군을 앓고 있는 사람들 대부분이 돈을 못 버는 사람들이 아니라는 점이다. 그들은 남들이 볼 때에는 '충분한' 돈을 벌고 있지만 정작 그들 스스로는 매일 돈 걱정에서 벗어나지 못하고 있는 것이다. 도대체 왜 이런 일이 벌어지는 것일까?

돈을 벌어도 걱정이 많은 사람들

우선 돈 걱정 증후군이 많은 사람들이 겪는 일상을 살펴보자. 아래의 내용 중에서 자신에게 해당하는 내용이 많으면 많을수록 자신의 상황이 심각하다고 보면 된다.

- 돈 얘기만 나오면 걱정이 되기 때문에 아예 언급을 하지 않는다.
- 돈 문제 때문에 가족들과 자주 다툰다.
- 충동적으로 지출을 한다.
- 앞으로 내야 할 돈에 대해 끊임없이 걱정한다.
- 수입이 얼마나 되는지 확실히 알지 못한다.
- 지출이 얼마나 되는지 잘 모른다.
- 앞으로 나가게 될 돈이 얼마나 되는지 정확히 알지 못한다.
- 청구서에 기재된 금액이 생각보다 큰 경우가 많다.
- 청구된 금액을 늦게 지불하는 경우가 자주 있다.
- 신용카드 청구서에 적혀 있는 금액 가운데 최소 결제 금액밖에 지불하지 못 한다.
- 청구된 금액을 지불하기 위해 다른 용도로 쓰려고 모아 둔 돈을 사용한다.
- 단지 청구된 금액을 지불하기 위해 현재의 직업 외의 일을 한다.
- 빚을 갚기 위해 돈을 빌린다.

- 저축해 놓은 돈을 사용하여 주기적으로 청구되는 금액을 지불한다.

- 거의 매달 월말이 되기 전에 돈이 떨어진다.

- 큰돈을 모아야 한다는 압박감을 받는다.

- 돈 문제 때문에 스트레스를 받아 신체적, 심리적 이상 증상들이 나타난다.

　　물론 경제활동을 하는데 있어서 일시적으로 위와 같은 현상이 나타날 수도 있고, 그렇지 않고 비정규직이거나 혹은 수입이 평균 이하일 때에는 굳이 정신적인 병리현상이라고까지 표현하기는 힘든 경우도 있다. 하지만 흔히 말하는 '일반적인 직장'에 다니고 있으며 평균적인 소득에서 현저하게 부족하지 않음에도 불구하고 위와 같은 현상 중에서 다수가 일어난다면 이는 돈 걱정 증후군에 속한다고 할 수 있다. 그렇다면 직장도 있고, 월급도 받는데 왜 끊임없이 돈이 모자라는 것일까. 그리고 왜 계속해서 돈에 대해서 걱정을 하는 것일까?

　　그 이유를 단적으로 표현하자면 수입보다 높은 생활수준을 추구하고 있다는 것이며 동시에 돈에 대한 관리개념이 현저하게 부족한 경우이다. 먼저 돈 관리의 개념이 부족한 경우부터 살펴보자. 이런 경우에는 굵직굵직한 고정 지출에 대해서는 머릿속에 개념을 가지고 있으면서도 사소한 택시비나 외식비, 친구들과의 술자리 비용, 아이들 장난감 비용 등에 대해서는 제대로 된 관리항목을 만들어 놓지 않아서 충동적으로 소비하는 경우가 많다. 그러다보니 자신이 생각한 금액과 실제 지출 금액이 많으면 50~100만원까지 차이가 나는 경우도 있다. 결국 돈 걱정 증후군에 시달리는 상당수의 사람들은 자신이 한 달에 얼마를 지출하고 있는지 자체를 잘 알지 못하고 있다는 이야기다. 결국 이들은 반복적으로 수입보다 지출이 더 많은 생활을 하게 되고 이러한 상황은 돈에 대한 불안을 낳게 된다. 이것이 자연스럽게 '걱정'으로 이어지는 것은 너무도 당연한 일이라고 할 수 있다.

물론 자신의 소비를 관리하지 않는 사람들 중 상당수는 '일일이 따지고 계산하기가 너무 힘들다'고 말하는 경우도 있다. 많든 적든 하루에 돈을 쓰는 횟수가 적지 않기 때문에 일일이 기록하기가 쉽지 않다는 이야기다. 하지만 걱정 때문에 낭비하는 시간과 심리적인 스트레스를 생각해보면 자신의 소비를 기록하고 점검하는 시간이 훨씬 더 짧을 뿐만 아니라 마음의 안정감을 주어 일에 더 집중할 수 있도록 도와줄 것이다.

두 번째는 현재 자신의 수입보다 더 높은 생활환경을 원하는 경우이다. 이런 경우는 자신에게 적합한 소비 수준에 대한 지향점이 없는 경우가 대부분이다. 막연히 좀 더 많은 소비를 통해 행복해지고 싶다는 생각만 가지고 있을 뿐, 실제 자신이 그런 생활을 할 수 있는 수준인지 아닌지를 판단하지 못한다는 이야기다. 만약 자신이 욕망하는 생활수준에 대한 통제가 불가능하다면 죽을 때까지 돈 걱정에 시달려야할지도 모를 일이다.

또한 무엇보다 염두에 두어야할 것은 돈에 대한 걱정이 우리의 IQ를 떨어뜨린다는 사실이다. 동일한 환경에 처해있는 사람의 경우 돈 걱정이 없을 때와 돈 걱정이 있을 때의 심리적인 안정감도 달라지지만 실제 IQ도 떨어진다는 실험결과가 있다. 인도의 농부들을 대상으로 농작물 수확 전후의 지능과 자기 통제력을 측정한 경우가 있었다. 그 결과 현재 자신의 수중에 어느 정도의 돈이 있느냐에 따라 인지능력에 차이가 있었으며 IQ 역시 대략 10점 정도가 하락했다. 돈 걱정을 안고 살면 그만큼 우리 삶의 질도 낮아질 수밖에 없다는 이야기다.

돈은 단순히 돈만의 문제가 아니다. 어떤 방법을 통해서라도 돈 걱정을 줄이는 것은 행복한 삶을 위한 필수조건이라고 할 수 있다. '많이 벌어야 돈 걱정이 사라진다'는 맹목적인 편견을 가지기 보다는 보다 정확한 돈 관리 개념을 가지고 자신의 생활수준을 높지 않게 조절하면 보다 상황이 나아질 수 있음을 믿어야 한다.

걱정에 물들지 않는 **연습**

돈 걱정을 줄이는 돈 관리법

STEP 1

돈 걱정을 줄일 수 있는 방법은 의외로 간단하다. 자신의 소비를 기록하고, 거기에 맞게 자신의 욕망을 줄이는 것이다. 이처럼 쉽고 간단한 일이지만 제대로 되지 않고 계속해서 돈 걱정을 안고 살아가게 되는 이유는 돈 관리가 생각만큼 실천하기 쉽지 않기 때문이기도 하다.

STEP 2

마음만 먹고 실천에 돌입하면 누구나 할 수 있는 일이다. 처음에는 지출을 기록하는 일이 번거로울지도 모르겠지만, 일단 1주일, 2주일 정도만 단단히 마음먹으면 그 다음부터는 훨씬 쉽게 작성해 나갈 수 있다.

욕망을 줄이는 문제는 상대적으로 어려울 수도 있다. 하지만 좀 저렴한 물건을 사고 저렴한 음식을 먹는다고 자존심에 상처를 받을 필요도 없고, 그것이 당신의 인생을 뒤흔들만한 문제를 만들어내지도 않는다. 하지만 돈 걱정이 계속된다면 자존심에 그보다 더 큰 상처를 입는 문제도 생기고 때로는 삶에 적지 않은 타격을 줄 수도 있다.

걱정을 평화로 바꾸는 마음의 기술
– 내면에 대한 통찰과 변화가 걱정을 줄인다

| PART 4 |

인간의 마음은 무한하다. '넓이'의 개념만이 아니라 마음을 다루는 '수많은 방법'이 있을 수 있다는 이야기다. 우리는 자신의 취향, 선택의 방식, 비전을 설정하고 자존감을 높이는 다양한 방법을 통해서 마음을 제어 할 수 있다. 하지만 이를 위해서는 자신 내면에 대한 통찰이 필수적이다. 이제 '걱정을 평화로 바꾸는 마음의 기술'을 통해 자신의 내면을 바라보고 걱정과 불안 등의 다양한 부정적인 감정에 물들지 않는 마지막 연습을 해보도록 하자.

타인에 의한
조언으로 걱정을
해소하는 것에 대해

우리가 걱정이나 불안에 휩싸일 때 가장 먼저 하는 행동 중의 하나가 바로 주변 사람들의 조언을 듣는 것이다. 이는 특히 자신의 의견에 대한 확신이 서지 않을 때, 혹은 자신이 뭔가를 결정하는데 있어서 소위 '타당하고 합리적인 의견'을 듣고 싶을 때 주로 하는 행동이다. 오랫동안 알아왔던 사람들이나 소위 '전문가'라고 불리는 사람들에게 의견을 구하는 것은 오히려 지혜로워 보이기까지 한다. 또한 그들의 말을 들으면 마음도 든든해지고, 자신이 미처 생각하지도 못한 것을 깨달을 수 있으니 일석이조라고 느껴지기도 한다. 하지만 과연 이러한 방식으로 걱정과 불안을 해소하는 것이 어느 정도나 의미가 있을 수 있을까? 혹은 정말로 그것이 도움이 되기는 하는 것일까?

1998년 미국 애틀랜타의 작은 아파트에 한 20대 중반 여성이 살고 있었다. 그녀는 낮에는 팩스기를 파는 외판원 일을 하고 주말에는 디즈니랜드에서 인형 탈을 쓰는 아르바이트를 하며 생계를 꾸려 나갔다. 어떻게 보면 그저 흔한 20대의 여성, 딱히 정규직을 갖지도 못하고 그렇다고 전문직도 아닌 약간은 소외된 듯한 삶을 살고 있다고 볼 수 있을 것이다. 그런데 그렇게 14년이 흐른 뒤에 그녀는 미국 〈타임즈〉에서 선정한 '세계에서 가장 영향력 있는 100인'의 한 명 가운데 선정이 되었고 그녀의 개인 자신은 무려 1조 1천억 원에 달한다.

도대체 그 사이에 무슨 일이 일어났던 것일까? 과연 어떤 일이 있었길래 외판원과 아르바이트를 전전했던 그녀가 전 세계적으로 영향력 있는 인물로 선정되었으며 또 그녀의 재산은 어떻게 그렇게 많이 불어날 수 있었던 것일까?

그녀는 체형 보정 속옷 전문 기업인 스팽스(Spanx)의 창업자 겸 공동최고경영자(CEO)인 사라 블레이클리이다. 가위로 스타킹의 발목 부분을 잘라내 '발 없는 스타킹'을 만들어 전 세계적인 히트를 쳤던 회사를 창업한 주인공이었다. 그녀의 사업자금은 단 500만 원에 불과했다고 한다.

그런데 그 놀라운 변화의 과정에서 우리가 주목해야할 것은 그녀가 창업의 과정에서 했던 몇 가지 아주 독특한 행동들이다. 첫 번째로 그녀는 아이디어를 떠올리고 본격적으로 사업을 시작하기 전까지 약 1년 동안 자신의 창업 아이템이 과연 성공할 수 있을지 없을지에 대한 주변의 조언을 아무에게도 구하지 않았다는 점이다. 일반적으로 사업을 할 때면 주변 사람들에게 조언을 구하는 것과는 정반대의 행동이었다.

두 번째는 사업을 진행하면서 수많은 사람들에게 '그건 안 돼'라는 말을 들었다는 점이다. 스타킹 제조공장을 운영하던 사장들은 그녀의 이야기를 들은 뒤 '정신 나간 여자가 왔다'는 반응이었고 특허와 관련해서 변호사들에게 전화를 하면 다들 그냥 웃기만 하다가 전화를 끊기도 했다. 나중에 한 변호사는 '나는 당신의 전화를 받고 무슨 몰래카메라를 찍는 줄 알았다'고 고백하기도 했다. 사실 이 정도면 자신의 미래에 대한 걱정과 불안으로 의기소침해지고 결국은 사업을 포기할 수도 있는 일이었다. 주변 사람들에게 조언을 구하는 '지혜로웠던' 사람이라면 충분히 그러고도 남을 일이었다.

하지만 그녀는 자신의 사업 아이템에 대해 상의도 하지 않고 그 누구의 조언도 구하지 않았다. 그녀는 자신의 성공 비결에 대해서 '나의 배짱을 믿었다'라는 말을 하곤 했다. 그녀의 이야기를 보면 주변 사람들에게 조언을 구하는 것, 그리고 그것을 통해서 걱정을 해소하고 심리적 안정감을 되찾는 것이 과연 올바른 것인가에 대한 의구심을 가지지 않을 수 없다.

타인의 조언이 오히려 방해가 된다

문제는 미래에 대한 걱정과 불안이 있을 때 과연 '주변사람들의 말을 들을 것인가' 아니면, '나를 믿고 동요되지 않을 것인가'이다. 때로는 타인의 조언이 분명 유용한 경우도 있겠지만 문제는 그들이 하는 조언에는 몇 가지 보수적인 특성들이 있다는 점이다.

첫 번째는 그들은 당신이 최대한 '안전'해지기를 원한다는 점이다. 위험이나 모험을 무릅쓰지 않고 커다란 위협이 없는 지금의 상태가 유지되기를 조언할 수밖에 없다. 또한 그들은 자신의 조언에 대한 일종의 책임감을 가지고 있기 때문에 자신의 조언으로 인해서 생길지도 모를 '만약의 경우'를 대비하는 경향도 가지고 있다. 두 번째로 그들은 특정 문제에 대해서 당신만큼 긴 시간동안 생각해보지 않았기 때문에 지극히 상식적이고 일반적인, 그리고 다수의 대중들이 가지고 있는 '평균적인 시각'에서 조언을 할 뿐이다. 스팽스(Spanx)의 창업자 블레이클리는 한 인터뷰에서 이렇게 말했다.

> "아마 내가 다른 사람들에게 사업을 시작하겠다고 말했다면, 친구든 누구든 내 사업이 안 되는 이유를 한 500가지는 댔을 것이다. 나중에 관찰해 보니 상당수의 사업을 하려던 사람들이 주변 친구와 지인들의 괜한 우려 때문에 사업을 중간에 멈춘 사례가 많았다."

무언가 새로운 것을 시작하려면 걱정과 불안이 특히 많아지는 것은 사실이다. 따라서 당사자는 어떻게 해서든 좀 더 많은 사람들을 통해 더 완벽하고 균형 잡힌 의견을 들으려고 하는 것이다. 하지만 때로는 자신의 배짱을 믿고 나갈 필요도 있다. 타인들의 의견은 그냥 '다른 시각'에서 바라본 그들만의 의견일 뿐 결코 그것이 옳다는 증거는 없다. 그들의 의견이 옳을 확률은 당신의 의견이 옳을 확률과 거의 동일하다고 보면 된다. 그럼에도 불구하고 당신이 당신의 의견을 포기하고 타인의 의견을 일방적으로 따를 이유는 전혀 없다고 보면 된다.

소위 말하는 전문가들의 의견이라는 것도 마찬가지다. 그들은 비록 전문가이기는 하겠지만, 이는 다른 말로 '자신의 전문 분야 이외의 다른 길은 걸어보지 않은 사람'이라는 의미이기도 하다. 그런 점에서 그들의 전문성도 결국에는 한계가 있을 수밖에 없다. 특히 당신이 생각하는 새로운 길에 대해서는 전혀 문외한이라고 해도 과언이 아니다. 따라서 전문가들은 해당분야에 대해서는 잘 알겠지만 '새로운 길'에 관해서는 당신의 의견이 옳을 확률 역시 그들의 확률과 거의 비슷하다.

그럼에도 불구하고 계속해서 주변사람들과 전문가들에게 조언을 구하는 것은 지금 당장 드는 미래에 대한 불안한 감정을 해소하기 위한 것이다. 사람들에게 걱정은 스트레스로 작용하고 인간은 본능적으로 그 스트레스를 해소하고 싶어하기 때문이다. 그러나 타인의 조언을 구하는 것이 때로는 미래에 독이 될 수도 있다는 것, 그래서 자신의 새로운 미래를 창조하는 것에 오히려 방해가 된다는 것도 함께 알아 두어야 한다.

걱정에 물들지 않는 **연습**

타인의 조언을 현명하게 활용하기

STEP 1

타인의 조언을 들을 때도 분명 있어야 한다. 자신보다 경험이 많거나 오랜 삶을 살아온 연장자는 분명 당신보다 현명할 수 있기 때문이다. 하지만 모든 것은 '의견'일 뿐이다. 심지어 '그것은 불가능하다'고 말해도 그것조차 '또 하나의 의견'일 뿐이다.

STEP 2

다른 사람의 조언이 당신에게 심리적인 안정감을 주고, 뭔가 새로운 시도를 포기하게 만든다면 더욱 신중하게 생각해야 한다. 그들 역시 일반적인 사람들과 크게 다르지 않은 평균적인 사람일 가능성이 상당히 높기 때문이다.

STEP 3

본질적으로 보자면, 그 누구도 당신의 생각이 옳고 그른지 정확하게 판단하기는 어렵다는 사실을 염두에 두어야 한다.

새로운 도전에 앞서 걱정이 생긴다면, 타인의 조언을 듣고 포기하기보다는 스스로 경험하고 나름의 결론을 얻는 것이 더 현명할 수도 있다. 그것이 당신 스스로를 더욱 현명하고 강하게 만드는 길이며, 앞으로 있을 또 다른 걱정과도 싸울 수 있는 힘을 길러주기 때문이다.

다양한 부정적 감정을 역전시키는 법 - (1)

- 걱정과 고난을 도전으로 바꾼다

이 세상에 존재하는 모든 물질은 3가지의 형태를 가지고 있다. 고체와 액체, 그리고 기체이다. 그런데 이 3가지 형태로 모두 변할 수 있는 것이 바로 물이다. 그 자체로는 액체이지만 불을 가하면 기체가 되어 날아가 버리고 0℃ 이하로 온도를 떨어뜨리면 고체가 된다. 물이 이렇게 변화무쌍해질 수 있는 것은 바로 물에 가해지는 '조건' 때문이다. 자신에게 가해지는 조건이 바뀌면 물은 자유자재로 변하게 된다.

걱정도 물과 비슷한 성질을 가지고 있다. 그냥 놔두면 걱정이지만 여기에 어떤 '특정한 조건'을 부여하게 되면 때로 완전히 다른 성질의 것이 되기 때문이다. 문제는 그러한 조건을 누가, 그리고 어떻게 부여할 것이냐일 뿐이다. 우리에게 우울하고, 두렵고 무기력한 감정을 주는 걱정에 어떤 '조건'을 부여해 그것을 긍정적인 감정으로 역전시킬 수 있을까?

문제 가정에서 자라난 경영자들의 이야기

영국에서 실시된 한 연구조사에 의하면 영국 기업 CEO들의 90% 이상은 '문제 가정'에서 자라났다고 한다. 일반적으로 봤을 때 돈을 많이 버는 기업가들은 어려서부터 좋은 교육을 받고 좋은 가정환경에서 자랐을 것이라는 편견을 완전히 뒤집는 결과가 아닐 수 없다. 여기서 '문제 가정'이란 부모가 이혼을 하거나 경제적으로 문제가 있거나 심지어 부모로부터 버림을 받는 경우를 모두 포함한다.

사실 자라나는 청소년 시기에 이런 일을 겪는다는 것은 정신적으로 심각한 고통을 동반하는 일이 아닐 수 없다. 특히 스스로의 인생을 혼자서는 개척해나가기 힘든 나이라는 점에서 이들의 심리상태는 걱정을 넘어서 고통과 공포감으로 다가올 수도 있다. 문제는 어떻게 그들이 그러한 것들을 모두 극복하고 타인을 리드하고 치열한 사업의 세계에서 승리를 주도하는 '경영자'가 될 수 있었느냐는 점이다. 과연 그들은 어떻게 자신이 겪었던 걱정과 공포감들을 적극적인 도전정신으로 전환시켰을까. 당시 조사에 참여했던 한 경영자는 이렇게 이야기했다고 한다.

"저는 당시 저에게 주어진 여러 가지 어려움들 때문에 힘들었

지만, 오히려 그것으로 인해 강한 투지를 가지게 됐습니다.

강한 투지를 갖게 되자 걱정과 두려움이 물러가고 나 스스

로 이 모든 것을 바꾸겠다는 생각을 하게 된 것입니다."

앞에서 물이 여러 가지 '조건'에 의해서 변화되는 것처럼, 걱정이라

는 것도 '조건'에 의해서 전혀 다른 것으로 변할 수 있다고 말했다. 바

로 이 조건은 현재 자신이 하고 있는 걱정에 '강한 투지와 도전정신'을

부여하는 것이다. 이러한 조건이 부여될 수 있다면 걱정은 부정적인

감정이 아니라 오히려 긍정적인 감정으로 역전이 되는 것이다.

'걱정의 조건'을 어떻게 변화시킬 것인가?

지난 2009년 국내의 한 다큐멘터리 TV 방송 프로그램에서 한국인들

의 R.Q(회복탄력성)테스트를 한 적이 있다. 회복탄력성이란 자신에게

고난과 역경, 장애물이 닥쳤을 때 얼마나 빠르고 강하게 이것을 극복

해 나가는 능력을 지녔느냐를 측정하는 것이다. 그런데 여기에서 아주

중요한 한 가지 사실이 밝혀졌다. 즉 신체에 장애를 가졌거나 혹은 사

업의 실패, 가정의 불화 등을 딛고 일어난 사람들의 경우 회복탄력성

지수가 일반인보다 2배 이상 높게 나타난 것이다.

특히 '나는 무엇인가를 해 낼 수 있다'는 자기 효능감의 경우 일반인보다 3배 이상 높았고 '자신의 한계를 넘어 미래로 뻗어나가려는 능동적 자세'를 의미하는 적극적인 도전성은 무려 6배가 높았다. 결국 그들은 자신이 처한 현실을 정확하게 파악하고 자신에게 생기는 여러 가지 힘들고 복잡한 감정들을 오히려 새로운 도전으로 승화시켜냈던 것이다. 이는 앞에서 봤던 '문제 가정에서 자라났던 영국 경영자'들에 대한 연구와 거의 완전히 동일한 결과라고 할 수 있다.

그렇다면 문제는 어떻게 이러한 걱정과 고난이 '도전정신'으로 변화되느냐 하는 점이다. 이에 대해서는 역경 지수(Adversity Quotient, AQ)라는 것이 높은 사람들이 어떤 특징을 가지고 있느냐를 분석해 보면 된다. 역경지수란 사람들이 문제에 닥쳤을 때 얼마나 도전의식을 가지고 역경에 잘 대처하느냐를 숫자로 나타낸 것이다. 그 결과 역경지수가 높은 사람들에게는 다음과 같은 특징들이 나타났다.

- 그들은 자신이 겪고 있는 걱정이나 문제, 곤란에 대한 책임을 타인에게 미루지 않는다. 즉, 그것에 대해 타인을 비난하거나 원망하지는 않는다.

- 또한 그들은 그러한 문제점들이 자신의 잘못으로 생겼다고 생각하지도 않고 따라서 자신을 비난하지도 않는다.

– 마지막으로 그들은 자신이 겪고 있는 문제들이 결국에는
해결될 것이라고 생각하고, 또한 본인 자신도 얼마든지 그것
을 이겨나갈 수 있다고 생각한다.

역경지수가 높은 사람, 즉 자신에게 주어진 걱정과 문제에 도전정신
이라는 조건을 부여할 수 있는 사람들은 '문제를 온전히 자신의 것으
로 받아들이되 자신을 비난하지 않고 그 해결에 대한 의지를 가지는
사람'이라고 요약할 수 있다. 또한 결국 이것이 걱정이라는 부정적인
감정을 긍정적인 것으로 역전시키는 비결이라고 할 수 있다.

사람은 누구나 자신 삶의 조건을 주체적으로 만들어 가고 싶어 한
다. 하지만 걱정의 상태라는 것은 이러한 투지와 도전정신이 약화된
상태라고 볼 수 있다. 뚫고 나가고 싶지만 자신감이 없는 상태, 혹은
자신감이 실망감으로 변하면 안 된다는 두려움들이 걱정을 투지와
도전정신으로 역전시키는 것을 방해하고 있는 것이다.

하지만 여러 가지 난관과 걱정은 오히려 우리에게 축복으로 다가오
는 경우가 많다. 특히 '회복 탄력성'와 '역경지수'라는 관점에서 봤을
때 오히려 그러한 문제점들은 우리의 능력을 발전시킬 수 있는 절호의
기회라고 볼 수도 있다.

걱정에 물들지 않는 **연습**

자신의 역경지수를 높여보자

STEP 1

한때 전 세계를 지배했던 칭기스칸은 자신에게 고난과 어려움이 올 때마다 이렇게 외쳤다고 한다. "역경아, 이번에는 또 어떤 도움을 주려고 나에게 왔느냐!"

STEP 2

즐거운 일이 생길 때마다 많은 사람들이 '신난다. 나에게 이런 즐거운 일이 생기다니!'라고 생각한다. 그리고 그것을 충분히 즐기곤 한다. 물론 고난과 역경을 칭기스칸처럼 곧바로 긍정적인 것으로 받아들이기는 쉽지 않은 일이다. 하지만 그는 오랜 통찰과 경험을 통해서 자신에게 오는 역경이 어떤 의미인지를 충분히 알고 있었다.

역경과 고난, 그리고 그로 인한 걱정이 자신에게 또 다른 기회가 될 수 있는 것을 충분히 알고 있는 사람, 그래서 그 발전의 단계를 즐길 수 있는 사람이라면 충분히 걱정과 싸워 이기며 자신의 불안한 마음도 제어할 수 있는 사람일 것이다.

다양한 부정적 감정을 역전시키는 법-(2)

– 막연한 미래를 두려워할 필요 없다

걱정을 역전시키는 두 번째 방법은 미래에 대한 우리의 이미지를 바꾸는 것이다. 사람들은 일반적으로 자신의 미래를 생각할 때 '아주 긍정적일 것'이라고 대답하는 경우가 그리 많지 않다. 왠지 아직 잘 모르기 때문에 뭔가 막연하게 '정말 지금보다 좋을까?'라는 생각을 하고 때로는 '지금보다 더 나빠지지 않으면 다행이지'라고 생각하는 경우도 많다. 우리가 이렇게 생각할 수밖에 없는 것은 모두 이유가 있다. 그것은 우리가 미래를 아직 경험하지 못했기 때문이다. 사람은 자신이 경험한 것에 대해서는 아주 명확한 상(象)을 그릴 수 있고 그에 대해 좋거나 나쁜 감정이 생기지만, 이 미래라는 것은 전혀 상을 알 수 없고 경험도 해보지 못했기 때문에 이미지 자체를 예측한다는 것이 쉬운 일이 아니라는 점이다. 그렇다면 이러한 상황에서 우리의 미래를 어떻게 상상해야 하며 또 무엇을 준비해야 하는 것일까?

미래를 몰라서 더 흥분된다는 스티브 잡스

한번은 애플의 CEO 스티브 잡스가 TV에 출연한 적이 있었다. 때마침 그의 강력한 라이벌이었던 마이크로소프트의 빌게이츠와 함께 출연한 방송이었다. 당시 사회자는 두 명 모두에게 '10년 뒤에 우리 사회는 어떻게 변할 수 있을까?'라는 주제의 질문을 던졌다. 그때 빌 게이츠는 열심히 미래의 변화를 설명했고, 사회자를 비롯한 관객들은 탄성을 질렀다. 미래 10년 뒤의 일이지만 마치 당장 내일의 일을 보는 듯한 탁월한 설명에 많은 사람들이 경외심마저 가졌다. 빌 게이츠의 말이 끝나자 다음 차례는 스티브 잡스였다. 하지만 그의 표정은 약간 심드렁하기까지 했다. 그러다 결국 그가 했던 말은 '나는 잘 모르겠다'는 것이었다. 사회자는 약간 당황한 듯한 표정을 지었고 스티브 잡스가 말을 이었다.

> "사실은 제가 미래를 모르는 것이 저를 더욱 흥분시키는 일입
> 니다. 어떤 일이 생길지 모르니까 정말로 신나는 것 아닙니
> 까?"

그 말을 들은 많은 사람들은 스티브 잡스의 미래관에 대해 아주 흥미를 느꼈다.

일반적으로는 '미래는 잘 모르는 것이기 때문에 두렵다'고 말하지만 스티브 잡스는 오히려 정 반대로 '미래는 잘 모르는 것이기 때문에 신나고 흥분된다'고 말했다. 이 둘의 차이는 미래의 모습을 자신이 어떻게 받아들이느냐라고 할 수 있다. 하지만 어떻게 보면 이는 미래를 바라보는 동전의 양면에 불과하다고 할 수 있다. 어차피 미래에 생길 일은 '좋은 일' 아니면 '나쁜 일'일 것이기 때문이다.

일반적인 사람들은 부정적인 면을 더 보는 것이고 스티브 잡스는 긍정적인 면을 더 봤을 뿐이라고 말할 수도 있다. 중요한 것은 스스로의 마음자세에 따라 미래에 대한 적극적인 자세를 가질 수 있고 더 나아가 설사 나쁜 일이 생겨도 이에 대처하는 능력까지도 달라질 수밖에 없다는 점이다. 결국 긍정적인 태도가 문제해결의 능력을 더욱 키워준다는 것은 어쩌면 너무도 당연한 일이라고 할 수 있다.

미래에 대한 평소의 학습

미래의 긍정적인 면에 주목하는 것은 물론이고, 더욱 중요한 것은 평소 미래에 닥칠 위험에 대해 미리 상상하고 그것을 학습하고 나름의 준비를 해 놓는 것이다. 이렇게 하면 위기대응능력이 더욱 빨라지고 문제도 훌륭하게 해결될 수 있기 때문이다. 미국의 심리학자 스테판 툴먼 박사는 이를 증명하기 위해 다음과 같은 실험을 한 적이 있었다.

그는 '위기 상황이 없는 쥐'들과 '위기 상황에 처해 있는 쥐'를 두 집단으로 나눠서 굶주림을 어떻게 해결해 나가는지를 살펴봤다. 첫 번째로 위기가 없는 조건, 즉 충분한 먹이와 물을 준 상태에서 자유롭게 미로를 헤매고 탐험하도록 내버려주었다. 물론 이런 상태에서 쥐들은 마치 아무 것도 학습을 하지 않는 것처럼 보였다. 하지만 그 후 이들 쥐들을 일정 기간 굶긴 후 다시 미로에 넣어두자 재빠르게 움직이며 훌륭하게 먹이를 찾아냈다. 자유롭게 놔둔 상태에서 마치 그들이 아무 것도 학습을 하지 않은 것처럼 여겨졌지만 실제로 그들은 미로를 탐험하는 과정에서 스스로 많은 학습을 했던 것이다. 그리고 위기 상황이 닥치자 곧바로 문제를 해결했다.

반면 이러한 학습과 대비의 과정을 아무것도 거치지 않은 쥐들이 있었다. 그들은 평소에 자유로운 환경에서 탐험을 하지 않고 배고픔과 갈증의 시기에만 미로에 넣어두었다. 그리고 한번은 음식의 위치를 바꿔놓자 그들은 허둥지둥 대며 음식의 위치를 찾지 못했다.

결국 이 실험에서 중요한 것은 평소에 다양한 학습과 탐험을 해두면 위기 상황에 큰 도움이 된다는 것이다. 이는 우리가 미래를 대하는 방식에도 적지 않은 교훈을 주고 있다. 평소 미래에 닥칠 문제에 대해서 생각해보고 그것을 염두에 두며 실제 그런 시나리오에서 자신이 어떻게 해야 할지를 계획해 본다면 문제 해결은 훨씬 쉽고 빠르다는 이야기다.

이렇듯 걱정을 역전시키는 두 번째 방법은 미래에 대한 이미지 자체를 '지금보다 훨씬 나아질 수 있고, 또 더 재미있는 일이 생길 수 있다고 바꾸는 일과 동시에 평소에 미래를 대비하면서 스스로 준비하는 자신을 만들어 나가는 것이다. 그러면 아직 다가오지 않은 미래는 오히려 '아직 다가오지 않았기에 더 흥분되는 일'이라는 스티브 잡스의 관점을 가질 수 있고, 평소에 해놓은 대비로 인해 비록 어려움이 닥쳐오더라도 충분히 이겨내면서 즐거운 미래를 만들어 나갈 수 있을 것이다.

걱정에 물들지 않는 **연습**

미래에 대한 이미지를 바꾸는 방법

STEP 1

다가올 미래에 대해서 너무 복잡하게 생각할 필요는 없다. 어떤 일이 생길지 전혀 알 수 없기에 그것이 두려울 수는 있겠지만, 한편으로는 '어떤 재미있고 즐거운 일이 생길지도 모르는 것'이 바로 미래이기도 하다.

STEP 2

어떤 사람들은 현재의 시간이 흘러가는 것을 안타까워하는 경우도 있다. 하지만 현재의 시간이 흘러간다는 것은 미래의 시간이 다가온다는 것, 그러니까 미래의 즐거운 시간이 점점 나에게 가까이 오고 있다는 의미이기도 하다.

❖

미래는 단순한 이미지에 불과하다. 그냥 자신이 좋게 생각하면 좋은 것이고 나쁘게 생각하면 나쁘게 느껴질 뿐이다. '미래'라는 이유만으로 그것을 어둡게 생각할 필요는 아무 것도 없다.

감정적 만신창이에서
벗어나는
자기 위로법

몸과 마음이 힘든 사람들에게 절실하게 필요한 것은 바로 '위로'이다. 따뜻한 말 한마디, 그리고 적절한 스킨십은 불안에 떠는 몸과 마음을 잠시라도 안정시켜주는 데에 효과가 있기 때문이다.

그런데 한편으로 보면 이러한 위로라는 것이 '현실적인 힘'을 그리 많이 가지지 않는 것처럼 보이기도 한다. 그것은 그저 한 마디 말이나 작은 행동일 뿐이며, 실제 객관적으로 일어난 상황과 문제의 원인을 바꿀 수 있는 힘이 없어 보이기 때문이다. 자기 자신을 위로하는 것도 비슷해 보인다. 아무리 자기를 위로해본들 걱정의 원인이 제거되지 않았는데 그것이 무슨 소용이 있느냐는 것이다.

사실 우리는 '위로'라는 것이 아주 절망적인 상황에 닥쳤거나, 혹은 가족이나 친구를 먼저 떠나보내는 상황에서만 필요한 것이라고 생각하곤 한다. 하지만 우리는 이미 일상 속에서 끊임없이 자기 위로를 하고 있다. 특히 무의식적으로 사소한 걱정이 문득문득 고개를 들 때마다 지속적으로 자기 위로를 통해서 감정의 균형을 조율하고 있다는 이야기다.

예를 들어 두 명의 학생이 있는데 둘 다 모두 갑자기 이번 시험에서 예상치 못한 실수로 낮은 점수를 받았다고 치자. 한 학생은 지나치게 괴로워하고 자책을 하고 있지만, 또 한 학생은 잠시 그럴 뿐 금방 원래의 상태로 돌아온다. 이 둘의 차이는 자기 위로 능력의 차이이기도 하다. 후자의 학생은 '뭐 내가 잠깐 실수를 해서 그런 건데 뭐, 다음에 정신 바짝 차리면 될 거야'라고 생각하는 것이다. 이러한 자기 위안이 자책과 괴로움에서 벗어나는데 도움을 준 것이다.

이렇듯 사소한 시험의 문제에도 자기 위안이 일어나고 있다. 직장인, 사회인, 그리고 자신의 사업을 영위해 나가는 사람들은 오히려 더욱 곤란한 상황을 많이 당하고 그들이 끊임없이 원래의 상태로 되돌아오며 균형을 잡을 수 있는 것은 모두 이러한 자기 위안의 힘 덕분이다. 실제 심리학에서는 자기 위로를 인간이 가지고 있는 또 하나의 '능력'으로 인식하고 있다. 정도와 횟수의 차이만 있을 뿐 우리는 하루에도 수십 가지의 상황에 직면하면서 불안, 우울, 초조, 그리고 행복을 반복적으로 경험한다. 만약 이런 상태에서 스폰지처럼 자신을 다시 회복시키는 능력이 없다면 아마도 우리는 잠들기 전에 이미 완전한 탈진 상태가 될지도 모를 일이다. 하지만 정상적인 사람이 그렇게 되지 않는 것은 모두 자기 위안 덕분이라고 할 수 있다. 이러한 자기 위안은 결국 자기 통제의 능력이라고도 볼 수 있다. 외부의 특정한 상황이 자신을 괴롭히기 시작할 때 자신이 가지고 있는 모든 자원을 총 동원해서 그것을 적절하게 제어하고 원래의 상태로 되돌아오도록 만드는 것이다.

따라서 우리에게 자기 위로란 앞에서 이야기한 것처럼 큰 이변이나 상처를 당했을 때뿐만 아니라 하루에도 수십 번씩 하는 일상적인 과정이라고 할 수 있다. 다만 우리가 늘 그것을 인식하지 못할 뿐이다. 또한 이는 자기 위로가 가지고 있는 힘을 대변해주고 있다. 아마도 우리에게 자기 위로가 없다면 우리는 감정적인 만신창이의 상태가 되어서 살아가야할 것이기 때문이다.

걱정을 물리치는 효과적인 자기 위로의 방법은?

그렇다면 우리는 어떻게 더 효과적인 방법으로 자기 위로를 할 수 있을까? 물론 '괜찮아, 잘 될 거야', 혹은 '뭐 다 그런 거지. 좀 더 열심히 하면 충분히 가능할 거야'와 같은 위로의 방법도 있다. 하지만 좀 더 효과적인 방법을 활용한다면 자기 위로의 강도는 더욱 강해질 수 있다.

첫 번째로는 자신과 타인을 비교하는 일을 그만 두는 것이다. 사실 우리가 하는 상당수의 걱정은 '타인과의 비교'에서 시작되는 경우가 많다. 자신보다 더 잘나가는 사람, 더 돈이 많은 사람, 혹은 더 좋은 친구와 환경을 가진 사람들을 직접 눈으로 보면서 자신의 미래를 걱정하고 자신의 초라함을 고민하는 것이다. 하지만 이럴 때는 나 자신이 부러워하는 사람도 있지만, 분명 지금의 나를 부러워하는 사람도 있다는 점을 상기하면 된다. '남의 떡이 커보인다'라는 말이 있지만, 실제 심리적으로도 타인과 나를 비교하는 데에는 다른 기준이 적용되는 경우가 많다.

남이 가진 행복은 확대해서 해석하고 자신의 행복에 대해서는 축소해서 바라보는 것이다. 이와 동일하게 남의 불행은 별 것 아닌 것처럼 보이고 자신의 불행은 크게 확대되는 경우가 많다. 하지만 반대의 입장에 자신을 놓아보면 일방적인 비교에서 벗어날 수 있다. 분명 누군가는 지금의 나를 부러워하고 있다는 것, 그래서 나만 누군가를 부러워하고 있는 것은 아니라는 사실이 스스로의 자존감을 회복시켜주고 지금하고 있는 걱정과 불안을 완화시켜 줄 수 있다.

두 번째는 자신이 과거에 행했던 잘못을 지나치게 자책할 필요가 없다는 점이다. 과거에 대한 자책은 미래의 걱정으로 이어질 수 있기 때문이다. 자신의 과거가 부끄럽거나 자책하려는 마음이 든다면 진화론을 완성한 찰스 다윈의 이야기에 귀를 기울일 필요가 있다. 그는 인간이 행한 과거의 잘못을 '정신적 진화'에 비교하면서 이렇게 이야기했다.

"자신의 잘못을 고치는 것은 그 자체로 위대한 진화다."

잘못을 행했다는 것은 이미 진화의 시작이고, 그 잘못을 고치는 것만으로도 진화가 완성된다. 따라서 자책하기 보다는 그것을 고치려는 노력으로 충분하다는 것이다.

세 번째는 현실적인 부분에서 보다 구체적인 자기 위로의 방법을 찾아야할 필요도 있다. 예를 들면 자기 자신에게 선물을 사주면서 위로를 받는다든지, 혹은 평소에 꼭 하고 싶었던 일을 해보는 것이다. 일종의 자기 보상이라고도 할 수 있다. 스스로를 소중하다고 생각하며 자신에게 좋은 보상을 해주는 것은 우울감에서 벗어날 수 있는 또 하나의 방법이라고 할 수 있다.

마지막으로는 자기 스스로를 지인에게 노출시키는 것도 방법이다.

심리학적으로 '환기'라고 불리는 이러한 방법은 마치 탁한 공기가 방 안에 있을 때 창문을 열고 공기를 바꾸는 것과 같은 효과를 지니고 있다. 부정적이고 어두운 기운이 자신을 누르고 있을 때 자신보다 밝고 건강한 자아를 가지고 있는 사람에게 자신의 문제를 이야기하고 함께 대화를 하다보면 자신도 모르게 기분이 나아지는 경우가 많다. 이러한 자기 노출은 타인의 모습, 타인들의 이야기를 통해서 자신을 위로하는 한 가지의 형태라고 할 수 있다.

어떤 면에서 볼 때 이러한 자기 위로를 얼마나 잘하느냐에 따라서 걱정에서 벗어나 심리적인 안정을 찾을 수 있느냐가 결정되기도 한다. 물론 이러한 자기 위안이 지나쳐 자신의 잘못을 합리화하는 것으로까지 나아가서는 안 되겠지만, 합리적인 선에서의 자기 위로는 분명 소소한 걱정을 물리쳐줄 수 있는 건강한 심리적 면역력이 되어줄 수 있을 것이다.

걱정에 물들지 않는 **연습**

:

자기 위로를 위한 길

STEP 1

자기 위로를 할 때 가장 주의해야할 점은 그것을 자기합리화와 헷갈리지 않는 것이다. 자기합리화는 건강한 자기 위로와는 다르게, 자신의 잘못을 덮고 게으름을 유지하고 실수로부터 아무 것도 배울 수 없도록 만들기 때문이다.

STEP 2

자기 위로와 자기합리화의 가장 큰 차이점은 바로 자신을 어느 정도로 소중한 사람으로 인식하느냐, 그리고 그 소중한 자신이 얼마나 앞으로도 발전할 수 있느냐에 달려있다. 그런 점에서 자기합리화는 자신을 소중히 하는 태도라기보다는 타인의 건전한 비판에서 자신을 숨기는 역할, 변명하는 역할을 하고, 또한 자신의 발전에 대한 배려도 전혀 없는 것이 사실이다.

자기 위로는 그저 자신의 마음이 불편하지 않기 위해 현상을 유지하고 싶을 뿐이며 타인의 비판을 거부하는 하나의 방편일 뿐이다. 이러한 두 가지의 차이점을 확실히 알고 자기 위로를 한다면 늘 상처받을 위기에 처해 있는 당신의 마음을 보호해줄 수 있을 것이다.

어둠에서 벗어나기 위해
태양을 향해
달리는 법

.

걱정은 우리 마음에 드리워진 어두운 그림자이다. 이 그림자를 없애는 방법은 그림자의 근원을 제거하는 방법도 있지만 또 다른 방법이 있다. 그것은 그림자로부터 벗어나기 위해 태양을 향해 달리는 것이다. 최소한 우리가 태양을 향해 달리는 한, 우리는 우리에게 드리워진 그림자로부터 벗어날 수 있기 때문이다. 헬렌 켈러는 이렇게 이야기를 했다.

"태양을 향해 달려라. 그러면 그림자는 보이지 않을 것이다."

그렇다면 도대체 우리의 삶에서 '태양을 향해 달리는 방법'에는 어떤 것이 있을까?

현재를 즐기고, 미래를 꿈꾸다

우리 시대 멘토들이 늘 하는 말이 있다. 바로 자신의 인생에서 명확한 목표와 꿈을 가지라는 이야기다. 그런데 이는 자신의 삶을 성공적으로 만들어가기 위해 필요한 것만이 아니다. 바로 현재 자신에게 드리워진 걱정의 그림자를 걷어 내기에도 매우 유용한 방법임에 틀림없다. 무엇인가를 열심히 추구하고 그것에 심취해 스스로 발전해 나가고 있다고 느끼는 사람이 그림자의 불안에 휩싸일 가능성은 현저하게 낮아질 수밖에 없기 때문이다.

사생아이자, 미혼모이자 성폭행을 당했던 어두운 과거를 가지고 있었던 오프라 윈프리는 이렇게 이야기한 적이 있었다.

"미래를 바라보았다. 너무 눈이 부셔서 눈을 뜰 수 없었다. 나는 무슨 일이 일어날지에 대해 걱정하지 않는 법을 배웠다."

그녀가 걱정을 하지 않을 수 있었던 것은 바로 미래의 희망을 봤기 때문이다. 자신의 꿈과 목표를 향해 열심히 달려가다 보면 미처 걱정 자체가 들 필요가 없고, 오히려 조금씩 스스로 나아지고 있다는 즐거움을 느낄 가능성이 훨씬 크다는 것이다. 이것이 바로 '태양을 향해 달려가면 그림자가 보이지 않는 이유'이다.

진짜 걱정해야할 것은 달리고 있지 않는 당신이다

그런데 이러한 과정에서 또 하나 생각해봐야할 것이다. '태양을 향해 달리는 것'은 단지 걱정을 잊기 위한 것이 아니라 스스로의 자기발전을 위해서 반드시 해야 하는 것이다. 일반적으로 새로운 것에 대해 도전하는 것을 불안해하는 경우가 많지만, 사실은 아무 것도 도전하지 않는 것 자체를 더욱 불안하게 느껴야 한다.

영국 총리를 역임했던 데이비드 로이드 조지는 이렇게 이야기했다.

"길이 보인다면 큰 걸음을 걷는 것을 두려워 말라. 제자리걸음으로는 작은 틈새도 넘어갈 수 없다."

우리는 늘 제자리걸음에 익숙한 나머지 큰 걸음을 두려워하는 경향이 있는 것도 사실이다. 즉, 도전하지 않음으로써 지금의 평화에 안주한다는 이야기다. 하지만 이렇게 큰 걸음을 걷지 않고, 미래의 희망인 '태양'을 향해 달리지 않는다면 삶은 정체되고 변화가 없으며 결국에는 조금씩 쇠락해 나갈 뿐이다. 따라서 우리는 언제나 태양을 향해 달려야 하고, 그 과정에서 걱정이 없어지는 것은 그저 부수적이고 너무도 자연스러운 일일 뿐이라는 이야기다.

하지만 이렇게 자신의 꿈과 미래를 향해 달려가면서도 결코 잊지 않아야 할 것들이 있다. 그것은 바로 지금 누릴 수 있는 즐거움들이다. 산을 오를 때 너무 정상에만 집착하게 되면 주변의 꽃과 나무, 신선한 공기가 주는 즐거움을 잃어버리게 마련이다. 또한 '언제 정상에 도착할 수 있을까'라는 생각에 조바심이 생기기도 하고, 해가 지기 전에 빨리 올라야 한다는 급한 마음이 들기도 한다. 이 역시 우리 마음에 드리워지는 '그림자'가 아닐 수 없다.

따라서 태양을 향해 달리되, 지금의 순간을 받아들이고 즐기는 것은 걱정을 잊고 불안한 마음들을 제어하는 방법 중의 하나라고 할 수 있다.

사람이 최선의 상태로 안정되는 것은 미래에 대한 희망이 보이고, 이와 동시에 현재도 즐거울 때이다. 이런 사람은 건강한 자아를 회복하고 힘든 일을 이겨낼 자신감을 갖게 된다. 때로는 걱정이 생길 수도 있겠지만, 그것으로 인해 결코 마음이 어두워지거나 무너지지 않게 된다.

이제 자신이 태양을 향해 달릴 준비가 되어 있는지를 되돌아보자.

태양을 못 찾고 있다면 자신만의 태양을 스스로 만들어 내야하며 그 밝음이 자신의 미래를 어떻게 바꿀 수 있는지 상상해야 한다. 자신만의 태양이 없는 사람은 늘 어두운 터널에서 헤맬 뿐이기 때문이다.

걱정에 물들지 않는 **연습**

⋮

태양을 향해 달리는 법

STEP 1

자신만의 태양을 찾는 것을 어려워하는 사람도 있다. 자신의 꿈이 무엇인지, 미래에 어떤 희망을 가져야하는지 잘 모르는 경우이다. 그렇다고 자신의 태양을 찾는 것에 너무 오랜 시간을 들이는 것도 문제이다.

STEP 2

자신만의 태양을 '작은 것'에서부터 찾아보자. 5년, 10년 뒤의 미래보다 '다음 주에 꼭 하고 싶은 것', '다음 달에 꼭 하고 싶은 것'을 정해서 점점 더 발전해 나가는 자신을 만들어 나가는 것이다.

중요한 것은 설사 그것이 단번에 이뤄지지 않더라도 계속해서 자신만의 태양을 조금씩 만들어 나가는 것이다. 이렇게 자신만의 태양 만들기를 계속해서 습관화되면 조금 더 큰 태양을 위해 나아가고 있는 자신을 발견할 수 있을 것이다.

걱정을
감싸 안는
따뜻함, 희망

●
●
●

일반적인 경우라면 우리의 정신과 마음은 일종의 탄력성을 가지고 있다. 테니스공이 벽에 부딪혀도 깨지지 않고 튀어나오듯이, 우리의 마음도 문제를 만났을 때 이러한 탄력성으로 다시 원상회복 될 수 있다는 이야기다. 그런데 이러한 탄성이 현저하게 떨어지는 경우가 있다. 마치 권투선수가 지속적으로, 집중적으로 상대방에게 얻어맞으면 넉다운 되듯이, 우리의 마음도 마찬가지의 상태가 된다는 이야기다. 걱정 역시 우리 마음의 탄력성을 현저하게 떨어뜨리는 아주 중요한 요소이다. 그렇다면 이러한 탄력성을 다시 회복할 수 있는 방법은 어떤 것이 있을까. 다시 걱정을 떨치고 미래를 향해 나아갈 수 있는 원천적인 힘을 어디에서 발견할 수 있을까?

희망 레벨이 높은 사람과 낮은 사람의 차이

사람에게는 각자 다른 '희망 레벨'이라는 것이 있다. 자신의 미래를 온전히 자신의 힘으로 바꿀 수 있다고 믿고 꿈을 향해 열심히 노력하는 '희망 100%'의 사람이 있는가 하면 희망이 있지만 아직 실천력이 부족한 50%의 사람도 있을 수 있고, 희망이 거의 남아 있지 않는 10%의 사람도 있을 수 있다. 문제는 이 레벨의 수치가 어느 정도냐에 따라서 사람들의 생활, 성취도, 열정은 모두 다를 수밖에 없다는 점이다.

목표를 향해 언제나 희망찬 기대를 가지고 있는 사람과 희망이라곤 없이 하루하루를 힘들게 살아가는 사람은 당연히 삶의 질에서 차이가 나게 된다. 실제 한 조사에 의하면 희망 레벨이 높은 사람과 그렇지 않은 사람은 회사 생활에서도 현격한 차이가 있었다. 예를 들어 희망 레벨이 높은 사람은 1년 동안에 갑작스러운 일로 결근하는 시간은 평균 20시간, 혹은 3일 이하였다. 하지만 희망 레벨이 낮은 사람의 경우에는 평균 10일 정도였다.

또한 이 두 사람이 각각 회사에 미치는 손해액은 총 4배 이상이 차이가 났다. 뿐만 아니라 영업직의 경우 희망 레벨이 높은 사람이 제품 판매를 통해서 더욱 높은 매출을 올리는 것으로 나타났다. 희망 레벨이 높은 것은 당연히 회사에게만 이익이 되는 것은 아니다.

도전정신이 강하고 성취도가 높은 사람들은 당연히 자신의 삶 역시 고양될 가능성이 높은 것이다. 특히 이런 사람들은 자신의 삶을 불안하게 만드는 다양한 요소들을 컨트롤 하는 방법을 알고, 또 심리적으로도 충분히 안정되어 있다. 뿐만 아니라 외부에 어떤 문제가 생겼을 때 그것을 해결하는 방법도 잘 아는 것은 물론이고 이를 위해 자신의 욕구를 억제하거나 장애물을 참고 견디는 능력도 뛰어나다고 할 수 있다. 즉, 우리가 마음속에 품고 있는 희망은 우리 마음의 탄성을 높여주고 수많은 걱정을 뚫고 이겨나갈 수 있는 힘을 준다는 이야기다. 그렇다면 희망의 레벨을 높이기 위해서 우리는 어떤 일을 해야 할까?

안전과 희망은 정반대의 지점

우리 주변에 보면 희망이 없는 사람들이 많다. 그런데 그런 사람들 중의 상당수가 희망을 정말로 갖고 싶어 한다. 어떤 면에서 본다면 이는 상당한 아이러니가 아닐 수 없다. 희망을 가지고 싶어는 하는데, 희망을 갖지 못하기 때문이다. 사실 희망은 어떤 외부적인 조건에 의해서 생기는 것은 아니라는 점에서 더욱 문제라고 할 수 있다.

예를 들어, 사업을 하고 싶은데 돈이 없다면 이는 '외부적인 조건' 때문이라고 할 수 있다. 그런데 희망에는 아무런 돈도 들지 않고, 우리가 쏟아부어야할 그 어떤 자원도 필요 없다. 그저 생각하고, 꿈꾸고, 계획하면 그만이기 때문이다. 그럼에도 불구하고 희망이 없는 사람들을 어떻게 설명해야할까?

사실 희망이 없는 대부분의 사람들은 희망이 없기 이전에 '경험'이 없는 경우가 대부분이다. 자신이 무엇을 좋아하는지를 모르고, 또 무엇이 자신에게 희망이 되는지도 모른다는 이야기다. 이런 경우에는 희망을 갖기 전에 경험부터 가져야 한다. 자신을 즐겁게 하는 것이 무엇인지, 흥분된 감정이 생기고 생각지도 않았던 몰입이 되는 것이 무엇인지부터 경험을 해야 한다는 것이다. 이러한 경험을 하면서 자신이 좋아하는 것을 알게 되고, 그때부터 새로운 '희망'이 시작된다는 이야기다.

희망을 갖지 못하는 사람들은 대부분 어렸을 때부터 수동적인 삶을 살아오는 경우가 많고, 그로인해 독립적인 열망도 많이 갖지 못하는 경우도 있다. 그냥 시키는 것만 하면서 '안전한 삶'을 유지해왔기 때문이다. 하지만 안전과 희망은 사실 정반대의 지점에 서 있는 것이다. 희망은 위험을 무릅써야 하고, 도전해야 하고, 지금의 안정된 기반을 흔들 수도 있는 장애물을 향해 뛰는 일이기 때문이다. 그러니 안전한 삶 속에서 수동적으로만 살아온 사람들이 희망을 갖지 못하는 것은 어쩌면 너무도 당연한 일일 수도 있는 것이다.

따라서 희망이 없다면 자신의 희망 없음 자체만을 생각할 것이 아니라 과연 자신에게 정말로 희망을 가질 만한 환경이 되었는지, 그러한 경험이 충분했는지를 다시 생각하고 되새겨볼 필요가 있다. 그리고 할 수 있다면 지금부터라도 희망은 막연히 외부에서 주어지는 것이 아니기 때문에 스스로의 마음속에서 길어 올려 진다는 것을 믿고 경험해보지 못한 새로운 탐험을 시작해야하는 것이다.

이렇게 경험을 통해서 자신의 희망을 발견하고 그것을 추구하고 싶은 마음이 생겼다면 그 다음에는 스스로가 자신의 리더이자 추종자가 될 필요도 있다. 특히 희망을 추구하는데 있어서 이러한 '리더-추종자'의 관계는 무척 중요하다고 할 수 있다. 이러한 관계가 중요한 이유는 희망을 추구하기 위해서는 늘 장애물이 따르고 또한 앞에서도 언급했듯이 정신의 탄력성이 필요하기 때문이다.

스스로가 리더의 위치에 올라서서 희망을 설계하고 그것을 어떻게 추구해나갈지 계획을 세운 뒤, 그것을 믿고 의지하며 따라가야 한다는 점이다. 이렇게 하면 걱정으로 탄력성을 잃어버린 마음에 도움이 되는 것은 물론이고 스스로에게 친구가 되고 리더가 되어 희망을 향한 발걸음이 더욱 가벼워질 수 있을 것이다.

걱정에 물들지 않는 **연습**

:

희망 레벨을 높이는 법

STEP 1

희망은 경험에서부터 시작된다. 경험이 없으면 희망을 정할 수 있는 기준도 없기 때문이다. 따라서 어려서부터 많은 경험을 한 사람들은 자신이 무엇을 추구해야 하는지를 보다 확고하게 아는 경우가 많다.

STEP 2

나이가 들어간다고 경험이 덜 필요하지는 않다. 어쩌면 나이가 들수록 더 많은 경험이 필요하고, 그것으로 자신의 지혜와 남은 인생에 대한 희망을 높일 필요가 있다. 또한 나이가 들면 호기심이 줄어드는 경향도 있다. 하지만 이는 모든 것을 다 알아서가 아니라 '다 안다고 생각하기 때문'에 생기는 편견에 불과하다.

여행을 떠나는 것도 괜찮고, 이제까지 자신이 전혀 배워보지 못한 것을 배우는 것도 좋다. 이제껏 하지 못했고, 하기 싫어했던 경험들을 통해서 새로운 희망을 스스로 만들어보자. 그것은 분명 걱정과 고난으로부터 생기는 무기력함을 이겨나갈 수 있는 힘을 줄 것이다.

생각의
밝은 빛을
켜는 방법

방안에 있는 어두움을 몰아내기 위해서는 어떻게 해야 할까. 답은 아주 간단하다. 불을 켜면 된다. 스위치를 올리면 순식간에 어두움이 사라지고 밝음이 방안을 지배하게 된다.

그렇다면 마음속의 어두움이라고 할 수 있는 걱정을 없애려면 어떻게 하면 될까. 이 답 역시 아주 간단하다. 마음속의 스위치를 올려 불을 켜면 된다. 그러면 그 빛이 걱정의 어두움을 물리치고 당신의 마음을 지배하게 된다. 그렇지만 무조건 '긍정적인 생각을 하자'라고 다짐해도 때로는 잘 안될 때가 있다. 이제 우리에게 필요한 것은 생각의 밝은 빛을 켜는 새로운 방법이다.

억지로 밝은 생각을 하려는 것이 때로는 고역이 될 수도 있다. 아무리 생각해도 밝을 수 없는 상황을 밝게 생각한다는 것 자체가 올바르지 않은 일처럼 여겨지는 것이 사실이기 때문이다. 그렇다면 이렇게 생각해보면 어떨까? 과연 지금 내가 하고 있는 걱정이 정말로 '내'가 하고 있는 것일까? 만약 그것이 '내'가 하는 것이 아니라면 어떨까? 비록 그것이 지금 나의 머리와 마음에 떠오르기는 하지만 그것이 진정한 나의 의지가 아니라면 어떨까?

만약 이것이 사실이라면 이제 보다 쉽게 자신의 마음에 떠오르는 어두움을 물리치고 밝은 생각을 할 수 있을 것이다. 어차피 그것은 내가 한 것이 아니기 때문에 그저 간단히 무시하는 것만으로도 다시 마음속에서 밝은 빛과 평정을 되찾을 수 있다는 이야기다.

지난 1986년 미국 캘리포니아 대학교 벤자민 리베트 교수는 우리의 생각과 뇌에 관한 아주 흥미로운 실험 하나를 진행했다. 피실험자가 자신이 원하는 때에 손가락을 움직이고, 이 움직임의 전후과정에서 뇌가 하는 활동을 관찰한 것이다. 그렇다면 우리는 어떻게 손가락을 움직일 수 있을까? 일반적으로는 '일단 손가락을 움직이려는 생각을 하고 → 뇌에서 우리 몸에 명령을 내리고 → 실제 손가락이 움직여진다'고 생각할 것이다. 그런데 실제 실험에서는 정반대의 결과가 나왔다. '뇌에서 먼저 우리 몸에 명령을 내리고 → 손가락을 움직이려는 생각을 하고 → 실제 손가락이 움직여진다'는 것이었다. 우리의 생각이 먼저고 뇌의 명령이 그 다음이라고 여긴 우리의 생각이 완전히 뒤집어진 것이다. 이는 때로는 우리의 생각이 우리의 자유의지에 의한 것이 아니라 뇌가 하는 무의식적 과정이라는 사실을 알려준다. 결국 우리들은 표면적으로는 우리의 생각과 의지가 모든 것의 중심이라고 여기지만 실제로는 그것이 아니라는 이야기다.

그런데 이와 비슷한 이야기가 하나 더 있다.

하버드 대학교 심리학과 교수이자 최초로 심리학 관련 교과서를 집필한 윌리엄 제임스는 이렇게 이야기했다.

"우리는 비가 온다(It ranis)라고 표현하고, 바람이 분다(It winds)라고 표현하듯이 우리의 생각 역시 내가 생각한다(I think)가 아니라 생각이 그냥 떠오른다(It thinks)라고 표현해야 한다."

비가 오거나 바람이 부는 것의 주체는 내가 아니다. 그래서 그것의 주어는 그냥 'It'일 뿐이다. 나의 의지는 비가 오거나 바람에 부는 것에 절대로 개입할 수 없기 때문이다. 윌리엄 교수는 우리의 생각에도 마찬가지의 원리가 적용된다고 말한다. '내가 생각하는 것'이 아니라 '그냥 생각은 떠오른다'는 이야기다.

이러한 과학자들의 실험결과와 이야기는 우리 생각의 주인공이 우리가 아닐 수도 있음을 말해준다. 곧 우리의 걱정 역시 우리가 하는 것이 아니라는 이야기와 동일하다.

뇌는 생각하는 기계

어떤 면에서 봤을 때 걱정이라는 것은 '자동적으로' 이뤄지는 것이다. 나의 의지에 따라서 걱정을 하는 것이 아니라 우리 뇌가 과거의 수많은 경험을 바탕으로 스스로 걱정을 하고 있다는 것이다. 물론 뇌도 내 육체의 일부라고는 할 수 있지만 나 자신의 자율적인 의지가 반영되는 것은 아니다.

이러한 현상은 본인 스스로도 직접 경험해볼 수 있다. 방안에 가만히 앉아서 마치 명상을 하듯 눈을 감아보자. 그리고 '이제부터 아무런 생각도 하지 않아야겠다'고 마음 먹어보라. 그리고 고요하게 자신의 숨소리에 집중해보자. 그런데 아마도 대부분의 사람은 10초도 지나지 않아 금세 어떤 생각이 떠오르는 사실을 느낄 것이다. 전혀 의도하지 않았고, 전혀 하고 싶지 않았던 생각이었는데, 느닷없이 계속해서 생각이 떠오르는 것이다.

우리가 때로는 이러한 걱정을 '그건 내가 하는 게 아니야'라고 무시해버릴 수 있는 이유가 바로 여기에 있다. 어떻게 보면 뇌는 생각을 하는 기계라고 할 수 있다. 돈을 넣으면 음료수가 튀어나오는 자동판매기처럼, 우리 뇌는 과거의 경험과 판단을 기준으로 끊임없이 생각을 산출해내고 그것들이 나에게 영향을 미친다고 할 수 있다. 사실 이러한 과정은 너무도 빠르고 너무도 많아서 우리가 다 감당하지 못할 정도다. 실제 과학자들이 조사한 바에 의하면 우리는 1.2초에 한번 씩 생각을 한다고 한다. 우리가 미처 모두 다 알아차릴 수도 없을 정도로 많은 생각들이 튀어 올랐다가 또다시 사라져간다는 이야기다.

따라서 이러한 수많은 생각을 제어할 수 있다면 걱정 역시 제어할 수 있다는 결론에 다다른다. 그러면 어떻게 생각을 제어할 수 있을까. 때로는 강한 파도처럼 나타났다가 물거품처럼 사라지는 생각의 연속에서 나 자신을 지킬 수 있는 방법은 어떤 것이 있을까?

생각을 제어하는 방법

생각을 제어하는 첫 번째 방법은 자꾸만 떠오르는 과거를 지워버리고 오로지 '지금, 현재'에 집중하는 연습을 끊임없이 하는 것이다. 우리는 뭔가를 듣거나 볼 때 그것과 연계해서 과거의 일들이 동시에 생각나게 된다. 이럴 때 계속해서 과거의 생각을 지우려는 연습을 하고 지금 있는 그대로의 모습과 현상에만 집중하는 것이다. 이러한 훈련을 거듭하게 되면 생각이 줄어들고, 현재에 집중할 수 있을 것이다.

두 번째는 생각을 해야 할 것이 있으면 특정한 시간을 정해서 집중적으로 하고 그것을 털어내는 방법이다. 우리의 뇌가 계속해서 특정 사안을 떠올리는 이유는 그것에 대한 해결이 미진하고 결론이 나지 않았기 때문이다. 따라서 계속해서 마음속에 남아있게 되고 수시로 떠올라 우리를 괴롭힌다. 따라서 생각하거나, 혹은 걱정해야할 것이 있다면 시간이나 공간을 정해서 집중적으로 하고 그것에 대한 계획을 세우거나 실천에 옮김으로써 걱정을 해결해버리는 것이다.

이러한 방법을 심리학자들은 이른바 '상황 통제'라고 부른다. 실제로 지나친 걱정과 강박에 사로잡혀 있는 사람들을 치유하기 위해서 '걱정의 방'이라는 것을 만들어 놓고 걱정 전용 공간으로 활용한다. 이렇게 하면 환자들은 걱정의 방에서만 걱정을 하는 습관을 익히게 되고 그 결과 '다른 시간에는 걱정할 필요가 없어'라고 여기게 된다는 점이다.

특히 걱정의 방에서 나왔을 때에 맛있는 음식을 먹는다든지, 혹은 친구들을 만나든지 하는 자기 보상을 주게 되면 이러한 행동은 더욱 강화된다고 한다. 따라서 이는 수시로 떠오르는 걱정을 제어할 수 있는 아주 유용한 방법이라고 할 수 있다. 이는 마치 설거지를 통해 싱크대를 깨끗이 비우는 것에 비유할 수 있다. 우리는 한번 한 설거지에 대해서 다시 생각하는 일은 없기 때문이다.

세 번째로는 자기 자신을 끊임없이 좋은 조건에 두려는 노력도 필요하다. 생각은 특정한 조건에서 생성되는 경향이 있다. 예를 들면, '슬픈 음악을 듣는 조건'이 생성되면 과거에 헤어진 애인이 생각나면서 우울해지거나, 또는 '개그 프로그램을 보는 조건'이 생성되면 기분이 밝아지면서 좀 더 긍정적으로 생각한다는 것이다. 이렇듯 우리의 생각과 걱정, 우울, 기쁨들은 모두 우리가 스스로를 어떤 조건에 두느냐에 따라서 상당한 차이가 난다고 할 수 있다. 따라서 스스로가 지속적으로 밝은 생각을 하거나 걱정과 같은 부정적인 생각을 멈추기 위해서는 의도적인 노력이 필요하다고 할 수 있다.

미국의 철학자이자 시인인 랄프 왈도 에머슨은 이런 이야기를 했다.

"모든 것은 생각에서 비롯된다. 우리의 인생은 온종일 생각하는 것으로 이루어지고 있다. 매일매일 1년 중 최고의 날이라고 가슴에 새겨라. 그러면 환경에 지배당하지 않고 환경을 지배할 수 있을 것이다."

생각이 떠오르는 상황과 조건은 자신이 얼마든지 능동적으로 조성해나갈 수 있다. 의지만 있다면 자신을 보다 밝고 긍정적인 상황에 둘 수 있다는 것이다. 수만 가지 생각에 의해 지배당하기보다 그 수만 가지 생각을 조절해나갈 수 있는 지혜를 스스로 만들어 나가야할 것이다.

걱정에 물들지 않는 **연습**

생각의 파도에서 자신을 지키는 법

STEP 1

생각은 끊임없이 이리저리 튀어오르는 스프링과 같은 것이다. 그런 생각을 제어하고 현재에 집중하기 위해서는 지속적이고 반복적인 훈련을 해야 한다. 지금 현재 누리고 있는 순간만큼 중요한 것은 없으며, 또 이를 더욱 소중히 다루기 위해서라도 생각의 파도를 이겨낼 것이라는 의지를 다져야 한다.

STEP 2

스스로의 생각을 제어하기 위해서는 자신의 상황을 제어할 수 있어야 한다. 지금 내 주변에서 펼쳐지고 있는 상황을 바꾸지 않으면 생각의 함정에서 쉽게 벗어날 수 없는 경우도 흔하기 때문이다. 따라서 '현재'에 집중하려는 노력과 동시에 '현재의 상황'을 바꾸려는 노력도 동시에 해야 한다.

랄프 왈도 에머슨이 말했던 '오늘은 내 인생 최고의 날'이라는 주문은 일상을 바꿀 수 있는 힘을 가지고 있다. 아직 정해지지 않은 오늘을 최고로 만들고 싶다는 생각은 실제로 당신의 하루를 바꿀 수 있는 힘을 지니고 있기 때문이다.

자존감,
우리를 지켜주는
정신적 면역력

자존감이라는 것은 '나는 괜찮은 사람이야'라고 생각하는 건강하고 밝은 자아상을 의미한다. 그래서 스스로를 존중하고 사랑하는 일이라고 할 수 있다. 그런데 외형적으로 보면 이러한 자존감과 우리가 하는 걱정과는 큰 관련이 없는 것처럼 보일 수 있다. 걱정은 걱정이고 자존감은 자존감이지 그 둘 사이에 어떤 관련이 있느냐는 것이다. 실제로 자존감이 높은 사람도 걱정이 있을 수 있고, 자존감이 없어도 걱정 없이 태평하게 살 수도 있으니 이 둘의 연관관계는 더욱 희미해 보이는 것도 사실이다. 하지만 걱정과 자존감은 심리적인 맥락에서 깊은 연관을 맺고 있고 서로 의존관계를 유지하고 있다. 그런 점에서 걱정을 떨치고 싶다면 자존감 회복은 필수적이라고까지 말할 수 있다.

자존감은 우리를 지켜주는 정신적 면역력

'자존감'이라는 것은 타인이 아닌 나 자신에 의해 나를 평가하는 일이라고 할 수 있다. 스스로가 자신을 능력이 있고 중요하며 가치 있는 존재라고 믿는다면 이를 '자존감이 높다'고 표현할 수 있다. 그런데 이러한 자존감을 논하는데 있어서 한 가지 중요한 점이 있다. 사람들이 자존감은 '주관적인 판단'이며, 타인에 의한 판단은 '객관적인 판단'이라고 믿는다는 것이다. 따라서 상당수의 사람들은 '주관적 판단'보다 '객관적 판단'을 선호하는 경향이 있기 때문에 자기 자신에 대한 스스로의 판단보다, 타인에 의한 자신의 평가를 더욱 믿는 경향이 강하다는 이야기다. 실제로 심리학자인 알버트 앨리스는 '자존감은 객관적이고 중립적인 기준에 근거한 판단이 아니라 사적인 판단'이라고 말하고 있다. 따라서 그것은 얼마든지 '비합리적이고', '왜곡된 방식'으로 나타날 수도 있다고 말한다.

하지만 비록 자존감이 때로는 정확한 현실을 반영하지 못하더라도 그 중요성 자체가 떨어질 수는 없는 일이다. 왜냐하면 자존감은 우리가 겪는 여러 가지 스트레스와 타인들의 평가로부터 자신을 지켜주는 일종의 면역시스템이라고 할 수 있기 때문이다. 자존감이 너무 지나쳐 자기 우월주의나 타인에 대한 멸시로 변질되지 않는다면 자존감은 높으면 높을수록 좋다고 할 수 있다. 마치 우리 몸이 건강하면 건강할수록 더 좋듯이 말이다.

자존감이 낮은 사람은 어떤 특징을 가지고 있으며, 그것이 우리가 하는 걱정과는 어떤 관련을 맺고 있을까? 우선 자존감이 낮은 사람은 자신의 의견을 자신 있게 말하지 못하고 관계 속에서 전전긍긍하는 경우가 많다. 자신의 주장을 펼치지 못하니 늘 타인의 말에 좌우되고 그러다보면 정작 자신이 원하는 것을 해나가지 못하니 늘 마음이 불안해진다는 점이다.

또한 자신의 능력에 대해 확신을 가질 수 없기 때문에 자신에게 닥친 문제에 당당하게 맞서기보다는 걱정이 먼저 앞서는 것도 사실이다. 그들은 '과연 내가 할 수 있을까?', '못하면 어쩌지?'라는 걱정을 하면서 문제해결능력 자체를 발휘하지 못하는 것이다. 또한 이들은 타인들에 의한 거절과 거부에 심각한 상처를 받기도 한다. 자기 스스로를 존중하지 못하는 상태에서 타인에게 거절을 당하게 되면 그것이 유일한 자기평가 기준이 되어버리는 것이다.

따라서 그들은 사람들과 부딪혀서 의견을 조율하거나 혹은 협상을 하기도 전에 대인관계에서 심각한 고민과 걱정을 하게 되는 것이다. 또한 자존감이 낮은 사람들은 외모에도 불만족스러운 경우가 많고, 상대방에 대한 의심도 많다. 이러한 불만족과 의심 역시 걱정과 연관을 맺고 있다. 외모가 불만족스러우니 타인이 자신을 어떻게 볼까 걱정하고, 의심이 많기 때문에 혹시라도 내가 속고 있는 것은 아닌지, 그래서 나에게 뭔가 큰 불이익이 돌아오지는 않을까라는 걱정을 달고 살 수밖에 없기 때문이다. 결국 낮은 자존감은 걱정을 부르고 그 걱정은 다시 자존감의 회복을 방해하기 때문에 서로가 서로의 발목을 잡고 아래로 끌어내리는 형국이라고 할 수 있다.

그렇다면 낮은 자존감을 회복하고, 그것 때문에 발생하는 다양한 걱정과 고민에서 다소 멀어질 수 있는 방법은 없을까?

많은 전문가들이 이에 대해서 다양한 대처방법을 제안하지만 그 중에서 가장 핵심적이고 중요한 것은 바로 다음과 같다.

▲ 조건 없는 자기 수용
▲ 타인의 존재를 인정하는 태도
▲ 외로움을 견디고 자신을 성찰하는 힘

우선 첫 번째로 '조건 없는 자기 수용'은 앞에서 한번 이야기했던 '주관적 판단과 객관적 판단'과 관련이 있다. 사람들은 일반적으로 객관적 판단을 더 신뢰하는 경우가 있지만, 자존감에 있어서만큼은 오히려 주관적인 판단이 더욱 중요하며, 또한 그러한 주관적 판단을 할 때에는 '조건부의 판단'을 멈추는 것이 좋다고 한다.

즉, '나는 이러이러해서 소중하다'거나 혹은 '나는 그 일을 잘해냈기 때문에 가치가 있다'는 조건적인 판단이 아닌 무조건 자신을 지지하고 가치가 있다고 여기는 것이다. 나는 ~ 때문에 소중한 것이 아니고 '나'이기 때문에 소중하며 '나'이기 때문에 가치가 있다는 생각을 습관처럼 굳힐 필요가 있다. 만약 우리가 이러한 조건부의 판단을 멈추지 않고 '객관성'이라는 것에 얽매이게 된다면 결코 타인의 평가에서 자유로워질 수가 없다. 그리고 타인의 평가에서 자유롭지 못하면 절대로 정신의 면역력이라고 할 수 있는 자존감을 높이기 힘들다고 할 수 있다.

두 번째는 '타인의 존재를 인정하는 태도'라고 할 수 있다. 자존감은 자신을 인정하는 것인데, 오히려 거꾸로 타인을 인정하는 태도가 중요하다는 말은 논리적인 모순으로 보일 수도 있을 것이다. 하지만 자존감이 높아지기 위해서는 무엇보다 자신을 지지하고 칭찬해주는 소중한 타인의 존재가 필요하다. 아무리 스스로의 자존감을 주관적으로 높게 평가해도 주변의 인정이 없으면 그 믿음이 나약해질 수도 있기 때문이다. 따라서 타인을 존중함으로써 그 타인이 자신을 존중할 수 있도록 만들고, 그 결과 자신의 자존감도 높일 수 있다는 이야기다.

마지막으로는 외로움을 견디고 자신을 성찰하는 힘이다. 외로움을 견디지 못하는 사람은 끊임없이 외부적인 조건에서 자신의 존재의의를 찾게 되는 경우가 많다. 결국 자신의 모습을 정면으로 응시하는 시간이 줄어들고 이는 자신의 존재의의를 각성하는 힘도 줄어든다는 것을 의미한다.

스스로 자존감이 높지 않다고 생각한다면 지금부터라도 자존감을 높일 수 있는 방법을 찾아보자. 그것이 당신을 걱정으로부터 지켜주는 근원적인 힘이 되어줄 수 있을 것이다.

걱정에 물들지 않는 **연습**

:

자존감을 높이는 방법

STEP 1

우리가 건강하기 위해서 매일 운동을 하듯, 정신의 면역력인 자존감을 높이기 위해서도 매일 노력해야 한다. 그 중에서도 가장 중요한 것은 바로 자기 자신을 칭찬하기이다.

STEP 2

자신이 하루에 한 일 중에서 가장 도드라져 보이는 부분을 내세워 스스로를 칭찬하는 것이다. 이는 타인의 생각과 아무런 연관이 없으며 오직 스스로의 생각에만 의지하면 된다. 자신을 지속적으로 칭찬하다보면 자신이 무엇을 잘하는지 하나씩 알게 될 것이고, 그것을 알아나가는 과정에서 자신을 칭찬할 수 있는 일이 더욱 많아질 것이다.

어린 아이들도 칭찬을 받으면 그 기대감 속에서 더욱 열심히 공부하고 착한 아이가 되려고 한다. 어른이라고 다르지 않다. 스스로에게 칭찬을 하면서 기대감을 부여하면 자존감이 높아지고 따라서 자신을 컨트롤하는 능력이 더욱 높아질 수 있을 것이다.

마음의 장벽을
넘으면
걱정도 멀어진다

우리에게 걱정이 시작되는 시점은 바로 난관, 혹은 장애물이 생겼을 때가 많다. 그런데 이러한 난관이나 장애물이 생겼다고 해서 그 즉시 걱정이 밀려드는 것은 아니다. 만약 난관을 자기 스스로의 힘으로 충분히 이겨낼 수 있다고 생각되면 곧 걱정의 기운이 사라지고 자신감이 생길 것이기 때문이다. 따라서 만약 특정한 일에 대한 자신감이 현저하게 떨어졌을 때, 혹은 도저히 자신의 힘만으로는 그것을 이겨낼 수 없다고 생각될 때에 진짜 걱정이 시작된다.

결국 '나는 이 난관을 이겨낼 힘이나 방법이 없어'라는 마음의 판단이 서는 순간, 평정심이 깨지고 불안과 걱정의 파도가 밀려든다는 점이다. 하지만 여기에서 한번 생각해봐야할 것은 대부분의 사람들이 아직 아무것도 도전해 보지 않은 상태에서 오직 머리로만 판단하면서 '나에게는 힘과 방법이 없어'라고 생각한다는 점이다. 정말 이것은 맞는 일일까?

과학이 정해준 한계마저 뚫는 마음의 힘

우리에게는 두 가지 장벽이 있다. 하나는 현실의 진짜 장벽이고, 두 번째는 마음이 만들어낸 장벽이다. 현실의 장벽이란 정말로 다양한 실질 자원이 부족할 때이다. 예를 들어 돈이 부족하거나 인맥이 부족하거나 혹은 무슨 작업을 할 때 장비가 부족한 때이다. 이러한 장벽은 지극히 현실적인 장벽이라는 점에서 오히려 큰 장해물이 아닐 수 있다. 인맥이 부족하다면 이를 극복하기 위해 노력하면 되고, 돈이 부족하다면 절약을 위한 습관을 기르거나 하다못해 빌리기라도 하면 해결될 수 있는 문제이기 때문이다.

정말 중요한 것은 바로 마음의 장벽이다. 마음의 장벽은 사실 전혀 눈에 보이지도 않고 손에 잡히지도 않지만, 사람들에게 걱정을 불러일으키는 가장 심각한 요인이 되기도 한다. 마음의 장벽은 사람들로 하여금 아직 해보지도 않고 포기하게 만들거나 아예 뭔가를 해볼 생각조차 들지 않게 만드는 아주 강한 힘을 가지고 있다. 하지만 아주 강해보일 수는 있어도 정작 아주 쉽게 허물어질 수도 있는 것이다.

이를 가장 잘 보여주는 사례가 바로 1마일(1.6km)을 단 4분 만에 주파한 달리기 선수 로저 베니스터이다. 과거 육상계는 인간의 힘으로는 1마일을 4분 만에 주파하는 것은 '공식적으로' 불가능하다고 받아들여졌었다. 인간의 육체적 능력에 대한 과학적이고 면밀한 조사 결과에 따르면 '1마일에 4분'이라는 시간은 불가능했기 때문이다. 실제로 그간 아무도 이러한 기록을 깨지 못한 것도 사실이었다. 그런데 문제는 이걸 믿지 않는 한 선수가 있었다는 점이다. 그는 전문가들이 하는 말을 믿지 않았고 자신이 그 한계를 돌파하겠다는 생각을 하기 시작했다. 결국 그는 자신이 할 수 있다는 믿음을 가지고 끊임없이 운동을 했고, 결국 기존의 육상계가 놀랄만한 기록을 세우고 말았다. '과학적으로' 증명된 '1마일 4분'의 한계를 돌파해낸 것이다.

하지만 더욱 놀라운 사실은 로저 베니스터의 인간승리 스토리가 아니다. 그가 4분의 한계를 돌파했다는 소식이 전해지자, 6주 후에 또 다른 선수가, 그리고 1년 안에는 무려 37명의 선수들이 1마일을 4분 이내로 주파해낸 것이다. 지난 수백 년간 아무도 하지 못했던 일을 1년에 38명이 해낸 것이다. 그리고 10년이 지난 후에는 전 세계에서 300명의 선수들이 마찬가지의 일을 해냈다. 도대체 이런 일은 어떻게 생겨난 것일까.

로저 베니스터가 기록을 깨기 전까지 '4분'이라는 시간은 수많은 선수들의 '마음의 장벽'이었다. '과학적이다'라고 말하니 이를 당연하게 수긍했고 따라서 '당연히' 4분을 넘을 수 있을 것이라는 생각을 못했던 것이다. 하지만 로저 베니스터에 의해 일단 마음의 장벽이 허물어지기 시작하자, 수많은 선수들이 그 마음의 장벽을 넘어 너도나도 4분을 돌파해낸 것이다. 마음의 장벽은 이렇듯 매우 강해보이기는 하지만, 때로는 아주 나약한 것이기도 하다.

실제 심리학적 용어 중에 '앵커링(anchoring)'이라는 것이 있다. 배가 정박하기 위해 한번 닻(anchor)을 내리게 되면 배는 그 닻을 벗어나기 힘들다. 그도 그럴 것이 아무리 파도가 쳐도 무거운 닻이 배를 바짝 끌어당기고 있기 때문이다. 마음의 장벽은 이러한 앵커링과도 비슷한 성향을 가지고 있다. 한번 결정 내려진 '나는 할 수 없어'라는 닻은 주변의 변화와 조언에도 불구하고 단단히 앵커링되어 있는 것이다.

마음의 장벽과 앵커링의 마법에서 벗어날 수 있는 방법은 의외로 간단하다. 거기에는 물리적이고 실질적인 장벽이 없기 때문에 딱히 무엇을 할 것이 없다. 그냥 단지 생각만 바꾸면 된다. 로저 베니스터도 마찬가지였다. '4분만에는 불가능해'라는 생각을 '4분 안에도 가능해'라고 바꾸고 노력하자 결국 그는 자신이 원하는 바를 이뤄냈다.

당신이 지금 시도해보지도 않은 상태에서 끊임없이 무엇인가를 걱

정한다면 가장 먼저 이렇게 생각을 바꾸는 일이 필요하다. '안될 것
같아'를 '될 것 같아'로 바꾸는 순간 우리의 심리적 앵커링은 스스로
힘을 잃고 당신을 놓아주게 되는 것이다.

걱정에 물들지 않는 **연습**

:

앵커링에서 벗어나는 법

STEP 1

앵커링의 마법에서 벗어나는 첫 번째 방법은 '만약 나보다 더 치열하게 살아가는 사람이라면 이 순간을 어떻게 해결할까'를 생각해보는 것이다. 이는 자신이 스스로의 한계를 짓는 것이 아닌지 반추해 보도록 도와주고 더 나은 결의를 다질 수 있도록 해줄 것이다.

STEP 2

자신의 이미지를 상상하는 것도 도움이 된다. 한계에서 좌절하고 그대로 포기하는 자신의 모습과 반대로 한계를 뛰어넘어 성과를 이뤄낸 자랑스러운 모습을 상상해본다. 그러면 자신이 무엇을 하고 싶은지를 마음속으로 느낄 수 있을 것이다.

STEP 3

마지막으로 자신이 한계라고 생각했던 것이 '사실은 불가능하거나 한계가 전혀 아니다'라고 마음속으로 확신해보는 과정이다. 누구나 그것을 뛰어넘을 수 있으며 따라서 자신도 분명히 그것을 뛰어 넘을 수 있다고 확신하면 앵커링은 분명히 다소 약화될 수 있을 것이다.

⋮

❖

말 그대로 앵커링은 심리적인 자기 속박에 불과하다. 자신이 만들어
낸 '허상'의 모습일 뿐이라는 이야기다. 스스로 이를 무너뜨릴 수 있
는 힘을 갖추는 것, 그것이 좀 더 크고 훌륭해진 자신을 만날 수 있
는 길일 것이다.

걱정 없는 인생을 바라지 말고 걱정과 함께 행복하게 살아가라

걱정에
물들지 않는
연습

초판 1쇄 인쇄 2014년 8월 11일
초판 1쇄 발행 2014년 8월 18일

지은이 이남훈

발행인 이웅현
발행처 (주)도서출판도도

편집국장 김민경
재무이사 최명희
디자인 이지은
홍보·마케팅 이인택, 차은영

출판등록 제300-2012-212호
주소 서울시 중구 충무로 29 아시아미디어타워 503호
전자우편 dodo7788@hanmail.net
내용 및 판매문의 02-739-7656~9

copyright © (주)도서출판도도

ISBN 979-11-85330-13-6